穿越中國五千年②

春秋戰國

歪歪兔童書館　著繪

中華教育

前言
讓歷史更鮮活、更可愛一些

張永江

本書審訂人

（國家清史編纂委員會專家，中國人民大學歷史學院教授、博導）

作為一個大半生從事歷史研究、歷史教育的專業人員，數十年來，有兩大問題始終縈繞在我心懷：許多人為之竭盡心力的史學有何價值？怎樣才能把紛繁複雜的歷史知識有效傳達給社會公眾，並成為大眾知識的一部分？這也可以說是歷史學者的「終極之問」吧。

所謂歷史，就是已經逝去的過往一切。沒有文字之前，人類記憶的保存和傳遞基本上只能依靠口耳相傳。那時，構成歷史的記憶，多半是家族、部落的先輩的經歷、經驗和教訓。有了文字，就有了儲存、傳承歷史記憶的「利器」。歷史記憶，對於家族、部落乃至民族和國家都極為重要，是凝聚認同感的主要依託。對於個人，歷史也同樣重要，往往表現為潛意識下的集體認同情感和外在的生命智慧，滋養豐富着個體的精神世界。毫不誇張地說，古往今來，凡是卓然超羣的偉大民族和深謀遠慮的傑出人物，無一不吸收並受益於豐厚的歷史經驗的滋養。

在古典時代，華夏中國數千年的文明綿續不斷，累積了獨一無二的

豐厚的歷史記錄，皇皇巨著「二十四史」就是中國作為史學大國的明證。我們不光擁有三千年連續不斷的歷史記載，擁有浩如煙海的史學著述，還形成了堪稱發達的史學文化。「以史為鑒」、「秉筆直書」等等，都是中華民族史學之樹長青的精神養料。當然，中國史學發展到近代，也存在着一個重大缺陷，就是百多年前梁啟超指出的傳統史學缺乏「國民性」，都是以帝王將相為中心的歷史。為此，他呼籲「史學革命」，為創建「新史學」不遺餘力。實際上，舊史學除了記錄內容有「帝王中心」的問題外，還存在「形式」過於「莊嚴」，脫離廣大民眾、高高在上的問題。

近代以來，隨着近代化浪潮的影響，中國的文化轉型為各領域帶來了變化。史學也開始由統治階級主要用於「資治」的「高大上」功能而定位於「廟堂」之上，逐漸放低「姿態」，全面容納社會生活；體裁上以西方史學為藍本的章節體史書，搭配淺顯易懂的白話文敍述，使社會公眾對史學有了更多的親切感。關心史學的人士也由過去狹窄的士大夫精英階層擴大到一般的知識界，並經由中學教科書體系連接到未成年人世界。這種改變當然是可貴的，但還遠遠不夠。歷史的普及教育仍然有一個門檻，那就是必須具備了中學以上學歷或識字水平才能進入歷史世界。這看似不算高的門檻，事實上將億萬兒童擋在了歷史殿堂之外。

現在面臨的一個重要的問題是，如何讓靜態的歷史鮮活起來，化繁為簡，讓「莊嚴可敬」的歷史更接地氣，趣味橫生？

前人已經付出了很多努力來探索這種可能性。早在清代，就已出現了通俗性的歷史讀本《綱鑑易知錄》。學富五車的梁啟超、胡適都是通

過這部書來啟蒙史學的。歷代都有人通過小説、戲曲、詩詞等藝術形式表現歷史，影響較大的如《三國演義》、《説唐傳》。近數十年，由專業學者編寫的普及性的歷史讀物覆蓋了歷史上的重大事件、人物傳記，人們創作了大量的連環畫來展現歷史，歷史題材的小説如《少年天子》、《雍正皇帝》，影視中的清宮戲，電視節目中的《百家講壇》等，更是令人目不暇接。但是，藝術表現的歷史，並非都是真實的歷史，歪曲、誇大、臆造、戲説的「歷史」所在多有。新形式不僅沒有幫助兒童獲取正確的歷史知識，兒童讀者反而因為缺乏鑒別能力而有可能被誤導。系統地、準確地、正確地向廣大社會公眾傳達真實的歷史知識，仍有待專業的歷史研究者努力。

史學知識普及的難點在於，難以兼顧通俗性與嚴肅性。通俗性要求讀者喜聞樂見，情節生動有趣。但傳統史學本身關注的內容毫無趣味，研究更需要嚴謹細緻，過程枯燥乏味。於是就出現了兩個極端：專業研究者謹慎嚴格，研究結果只在「圈內人」中傳播；社會公眾中的史學愛好者興趣盎然，對資料卻真偽不辨，良莠不分，傳播的只能是戲説的「歷史」。歷史產品的「出品方」雅俗分離，兩者漸行漸遠，普羅大眾更多接受的是後者。

可喜的是，近年來這種困境有了新的突破，就是專業史學研究者與業餘歷史愛好者雙方在編輯、出版者的撮合下走到一起，分工合作，面向廣大兒童、青少年推出了新型故事。首先試水的是「漫畫體」的歷史故事，以對話方式推進故事，受到學齡前後兒童和家長的喜愛，在市場上大獲成功。新文本雖然形式活潑，但內容也經專家審定，並無虛構。

歪歪兔的這套《穿越中國五千年》，可以看作是「漫畫體」的升級版，面向的是中小學階段的讀者。全書分十冊，涵蓋了從遠古到清代的漫長時期，按階段劃分成卷，完全符合歷史發展順序，可以視作「故事體」的「少年版中國通史」。敘事上，避免了以往歷史讀物常見的簡化版枯燥的「宏大敘事」問題，而是每冊選取三十個左右的歷史故事，通俗形象地展示這一時期的歷史概貌。

作為本書的審訂人，我認為這套書有以下特色和優點：

💡 **所採擷的歷史故事真實、經典，覆蓋面廣，屬大眾喜聞樂見、耳熟能詳者。**

本書由具有深厚史學功底的歷史學者、知名歷史類暢銷書作家合力撰寫，故事根據《左傳》、《戰國策》、《史記》、《漢書》、《資治通鑒》等歷史典籍編寫，參考最新的權威考古研究報告，以適合小讀者的語言進行講述，生動有趣地還原真實的歷史事件，讓歷史更加鮮活。每篇故事中的生僻字都有注音，古代地名標明現今位置，生僻官職名稱、物品名稱也有相關解釋，掃除了閱讀障礙。

💡 **編排設計合理，強調對歷史線的梳理，簡要勾勒出一部中國歷史大觀。故事之間彼此呼應，有內在的邏輯關係。**

本書精選的二百七十個歷史故事，基本涵蓋了中國歷史發展過程中重要的時間點和歷史大事件。小讀者通過這套書，可以清楚地了解到從

距今約七十萬年的周口店北京人到 1912 年清朝滅亡期間王朝的興衰和歷史發展過程。

💭 **內容豐富，知識欄目多，便於小讀者在學習歷史的同時，豐富文化知識，開拓視野。**

每一篇除故事主體外，還大致包含以下欄目內容：

好玩的副標題，激發小讀者的閱讀興趣。

知識加油站，選取與歷史故事相關聯的知識點，從文化、文學、科學、制度、民俗、經濟、軍事等角度，擴展小讀者的知識面，讓他們了解生活中方方面面的事物都是隨着歷史進程而發展、發明出來的，在增加歷史文化知識的同時，更直觀地理解古人的智慧和歷史的發展規律。

當時的世界，將中國歷史與世界歷史同時期的事件進行對比展示，開闊孩子的視野，培養孩子的全局觀。

💡 **文風活潑生動，圖文並茂，可讀性強。結合中小學生的實際生活，運用比喻、類比、聯想等手法敘事，幫助小讀者真正從歷史中獲得對實際生活的助益。**

時代在進步，文化也在按照自己的邏輯演進。新的世代有幸生活在「全球一體化」的文化交融時代，他們能夠並正在創造出超越前人的新

文化。歷史的海洋足夠廣闊深邃，充分擷取其滋養，豐富個人精神，增
進民族智慧，是我們每一個歷史學者的志願！

2021 年 8 月 15 日於京城博望齋

目錄

穿越指南 ▮▮▶ 春秋戰國

　　隨着周天子搭建的等級塔（封建制度）崩塌，故事的主角不再是周天子，而是變成了諸侯，我們也進入了中國歷史上非常多彩的春秋戰國時期。

　　進入春秋戰國，你要做的第一件事就是選擇一個國家。此時，周天子已經沒有了管理諸侯的能力，各地的諸侯便為所欲為了，大的諸侯國開始欺負小的諸侯國，為了搶地盤，各諸侯國之間戰爭不斷。如果你所在的國家處於戰亂之中，你就更容易丟掉性命，所以說，選擇一個合適的國家非常重要。

　　你可以選擇去今天的山東，那裏在當時是齊國和魯國的地盤。看過之前的西周故事，你對這兩個國家肯定不會陌生，它們分別是呂尚（也就是姜太公）和周公的封地。正因如此，這兩個國家不論是地位、實力還是制度方面，都勝過其他諸侯國，戰爭也相對較少。

　　來到齊國或魯國後，你會發現這兩個地方基本上和西周差不多，最大的區別就是衣裳出現了變化。你還記得在以前，衣和裳是分開的嗎？到了春秋時期，人們開始穿一種把衣和裳連起來的寬大衣服，叫作「深衣」，它跟如今的連衣裙差不多。因為這種深衣要比之前的上衣下裳穿起來方便，所以開始在貴族中流行。貴族會用細麻或絲綢製作深衣，當便服在家穿；而普通的百姓因為要勞動，還是以穿粗麻或獸皮製作的「短褐」為主，只有在重要的場合才會穿深衣。所以你走在大街上，通

過人們的穿着就可以分辨出他們的地位了。

如果你想找點事情做的話，要比在西周容易多了，你會有很多選擇的機會。如果你想種地，國家多半會給你土地，有的國家還會給你找一個夥伴，那就是牛。當時用牛幫助耕地已經開始出現，有牛的幫忙，會大大節省你的體力。還有，當時人們已經掌握了煉鐵技術，比起青銅器，鐵製工具更加堅硬，種起地來更加方便。還有一個制度上的變化，就是原來的井田制沒有了，你不需要額外再幫忙種公田了，但是卻需要向諸侯國交稅，將你收穫的一部分糧食交給國家。

做工匠和商人也比之前要方便了。比如，齊國的都城臨淄（淄，zī，粵音之。今山東省淄博市中）商業非常繁榮，有專門的市集，方便工匠和商人做生意。你也可以選擇與其他國家做生意，但是有一個不方便的地方，就是各個諸侯國的貨幣不一樣，度量單位也不一樣，去其他諸侯國做生意，你需要做一些單位的換算，還要提前換好貨幣。

在西周時，平民是不能做官的。到了春秋戰國時期，各國諸侯都知道人才的重要性，所以都會想方設法籠絡人才。如果你特別有能力加上運氣好的話，可以直接和掌權的大臣甚至諸侯對話，一旦得到認可，不僅可以立刻當上官，還有機會獲得封地，成為一個小諸侯。當然，更容易做到的還是當諸侯的家臣或大臣的門客，幫他們出謀劃策，也有機會當上官。

如果你想通過學習提升自己，可不可以呢？當然可以了。西周時期只有貴族才能上學的格局現在被打破了，出現了私學。其中最著名的就是孔子開辦的私學，如果你有機會跟着孔子學習，那真是太幸運了。或許你要問了，跟着孔子學習，學費貴不貴呀？一點都不貴，只需要一些肉乾就可以了。孔子教你的東西，後來被稱為儒學，內容除了提高你的道德修養和文化素養以外，主要傳授的還是六藝（禮、樂、射、御、書、數）。

如果你不想跟着孔子學習，也可以再等等。因為過段時間，進入戰國時代，會有很多老師和學派紛紛湧現。後人管春秋戰國這段時期各種流派「爭芳鬥艷」的局面叫「百家爭鳴」。

如果有興趣，你可以周遊列國。乘車也行，像一個叫老子的人那樣騎頭牛也行。如果乘車，你要記得及時換車或車軸。因為當時各國修的路寬窄都不一樣，不換的話，不是過不去，就是有可能翻車。

到戰國後期，戰爭越來越頻繁了，一個叫作秦的諸侯國日漸強大，最終消滅了其他諸侯國。

這意味着，你馬上就要開始一場新的穿越之旅了。

鄭莊公掘地見母

被媽媽嫌棄的小孩 ‧‧‧‧‧‧‧‧‧‧‧‧‧‧‧‧

　　大家肯定聽過一首歌，叫作《世上只有媽媽好》。歌裏唱道：「世上只有媽媽好，有媽的孩子像個寶。」可你們相信嗎？這世上還真有不喜歡自己孩子的母親，這就是春秋時期鄭莊公的母親武姜。

　　鄭莊公是鄭國的國君。武姜生他的時候難產，別的孩子都是頭先出來，鄭莊公卻是腳先出來，武姜疼得死去活來，所以非常討厭這個孩子，給他起名叫寤（wù，粵音誤）生，就是「倒着生出來」的意思。

　　幾年後，武姜又生了一個兒子，叫段，史書上管他叫共叔段。共叔段長得又高大又帥氣，《詩經》裏有一首詩叫《叔於田》，寫他到城外打獵，全城百姓就像如今追星似的，成羣結隊地追着去看他，搞得城裏都沒人了。

　　這麼帥的小兒子，你說作為母親的武姜能不喜歡嗎？反過來她就更討厭鄭莊公了。鄭莊公還是太子的時候，武姜就經常求老公鄭武公廢掉他，改立共叔段為太子，只是鄭武公一直沒有答應。

後來，鄭武公去世了，鄭莊公繼了位。武姜還是一心向着小兒子，她找鄭莊公替共叔段要封地，還故意討要一座叫「京」的大城（今河南省滎陽市）。大家如果不理解，可以想像自己有一個弟弟，母親經常讓你把自己心愛的玩具、喜歡吃的零食統統拿出來給弟弟，你會樂意嗎？

可是鄭莊公卻答應了。有一個叫祭（zhài，粵音債）足的大臣實在看不過去了，私下裏勸鄭莊公說：「即使您這麼退讓，您的母親也不會滿足的，還不如早

做安排，別讓她再惹事，不然更難對付了。」

其實鄭莊公心裏也明白，但當着大臣的面不能直說母親的不對，只是回答說：「多行不義必自斃，子姑待之。」意思是說，壞事做多了，早晚要遭報應，你等着看吧。成語「多行不義必自斃」就是從這裏來的。

不久，共叔段又私自佔據了兩座城，鄭莊公還是裝出沒事的樣子。共叔段的膽子變得越來越大，開始在封地招兵買馬，準備領兵攻向國都，殺掉哥哥，自己當國君。身處國都的武姜更是積極給小兒子出主意，約定到時為他打開城門，裏應外合。

大家是不是有些納悶，鄭莊公甚麼都不做，難道是要等死嗎？當然不是。其實，鄭莊公早就派人打聽到了他們的約定，並做了安排。共叔段剛一起兵，他就派事先埋伏好的士兵攻下了「京」城。

共叔段沒有防備，失去了大本營，只能匆忙從鄭國逃到了衞國的共城（今河南省輝縣市），最後死在了那裏。

弟弟死掉了，還有老媽沒處置呢。鄭莊公把母親趕出國都，讓她待在一個叫城潁（潁，yǐng，粵音泳。今河南省漯河市北）的地方。他早就對母親的偏心怒火中燒了，發誓說：「我不到黃泉，再不見你！」「黃泉」是指人死之後去的地方，這話表面上是說，除非是我死了，才肯見你，其實不就是說，「我這輩子再也不見你」嗎？

但是，鄭莊公是在氣頭上說的這句話，沒過多久氣消了，心裏便有些後悔。當時，「不孝」是非常大的罪名，鄭莊公擔心這樣會讓自己招來天下人的批評。大家也許會想，他就不能直接把母親接回來嗎？還真不能。鄭莊公是一國之君，國君說的話不能輕易反悔，不然以後大臣和百姓就都不服他了。而且當時人們認為發過誓就必須遵守，不然會受到上天的懲罰。所以鄭莊公既不敢違背誓言，又想把母親接回來，心裏一直很糾結。

大臣潁考叔看出了鄭莊公的心思。有一天，鄭莊公請他吃飯，吃着吃着，潁考叔故意把肉留下來。鄭莊公很奇怪，問他這是做甚麼呀？潁考叔回答：「我經常拿各種好吃的孝敬母親，她甚麼都吃過，就是沒吃過您賞賜的肉，我想把這肉帶回去給她吃。」

鄭莊公一聽這話，便想起了自己的母親，一下被觸動了。他感歎說：「你有母親可以送她吃的，我卻沒有。」潁考叔假裝很意外，趕忙問怎麼

回事。鄭莊公便把自己的心事講了出來，表示自己想和母親和好，但又怕違背誓言。

於是，潁考叔給他出了個主意。

沒過多久，潁考叔把鄭莊公帶到一處地洞前，裏面是事先挖好的一條長長的隧道，站在洞口就可以聽到地下冒出的泉水流動的聲音。這就是潁考叔的主意。鄭莊公不是說不到「黃泉」不見母親嗎？這裏剛好有黃土和泉水，鄭莊公和武姜在這裏見面，就等於是「黃泉」相見。這樣一來，鄭莊公既能與母親和好，也不算違背誓言。

鄭莊公這下高興了，他一邊往隧道深處走，一邊唱歌：「大隧之中，其樂也融融。」意思是，在隧道中相見，多麼快樂啊！武姜聽到兒子的歌聲，趕忙也唱：「走出大隧外，多麼舒暢啊！」母子重逢了，也就此重歸於好。這就是成語「其樂融融」的由來。

鄭莊公終於消除了自己的心病。接下來，他把目光投向了鄭國以外。

鄭莊公是死後的稱呼

我們如果回到古代，見到了鄭莊公，千萬不能叫他「鄭莊公」，因為這是後人根據其諡（shì，粵音試）號對他的稱呼。

起「諡號」的做法起源於西周，在春秋時期開始流行。國君去世後，大臣們會給他們選定一兩個字，來評價這些國君一生的功過，比如我們前面提到過的周文王、周武王、商紂王，他們的諡號分別為「文」、「武」、「紂」。

當時的世界

公元前 722 年，鄭莊公擊敗了共叔段，解決了國內的隱患。位於西亞的亞述帝國統治者薩爾貢二世也解決了國內問題，開始對外擴張，並在這一年滅了以色列王國。

箭射周天子

天子竟然吃了敗仗 · · · · · · · · · · · · · · · · · ·

　　前面說到，西周滅亡後，周平王為了躲避犬戎的騷擾，把都城從陝西的鎬京遷到了河南的洛邑（今洛陽市）。由於洛邑在鎬京以東，所以歷史上稱這段時期的周朝為「東周」。遷都後，周王室的地盤一下子小了很多，再加上周平王又有過勾結犬戎的黑歷史，所以諸侯都不太服他，其中就包括我們前面說的鄭莊公。

　　鄭國在諸侯間地位很高，鄭莊公除了管理自己的封國外，大部分時間都要在洛邑輔佐周平王，擔任「卿士」，這個官職放到現在相當於國家總理。不過，鄭國離洛邑很近，國力又那麼強，周平王覺得這是個威脅，因此想讓另一位諸侯也擔任「卿士」，好削弱鄭莊公的權力。鄭莊公聽說後很生氣，直接跑去質問周平王。周平王軟弱慣了，不敢承認，只好推脫說沒這個打算，還把王子派到鄭國做人質，表示信任對方。當時只有諸侯之間才會互派人質，周平王這個舉動相當於自己把自己的地位降了一檔，和鄭莊公平等了。

　　窩窩囊囊熬了幾年後，周平王去世了，太子則早已死了。因此，即位的是周平王的孫子，歷史上稱為周桓（huán，粵音垣）王。

周桓王登基時正值血氣方剛的年紀，很想為爺爺和父親出出氣。於是，他直接下令撤掉鄭莊公的「卿士」職位。鄭莊公知道後非常生氣，就像賭氣一樣，立刻派大臣祭足帶兵跑到周天子的地盤上，把農田裏成熟的麥子、小米全都搶了，而且再也不去洛邑朝見周天子了。

　　這些舉動把周桓王氣得火冒三丈，他決心要好好教訓一下這個敢對自己不敬的諸侯，在其他諸侯面前立一立威信。於是，他召集了陳、蔡、衞三個小諸侯國的軍隊，再加上自己直屬的王師，浩浩蕩蕩殺奔鄭國。鄭莊公也派出軍隊抵抗，兩軍在繻葛（xū gé，粵音需割，今河南省長葛市北）相遇了。

　　這一戰驚動了全天下。周天子畢竟是名義上的老大，諸侯雖然暗地裏都有些看不上他，但表面上還是得恭恭敬敬的。如今鄭莊公膽敢公開對抗周天子，這讓他們又緊張又期待，都想看看這樣做會招來甚麼後果。

　　周桓王自己也明白這點。本來他想，自己貴為天子，親自帶兵討伐，肯定能旗開得勝，說不定大軍一到，鄭莊公直接就投降了，不僅正好藉機教訓他一通，還能來個「殺雞給猴看」，嚇一嚇其他諸侯。可他沒想到鄭莊公居然真敢抵抗，頓時有些為難：要打吧，未必打得過；不打吧，自己就這麼回去更沒面子了。思來想去，他最後決定，還是得打！

　　一開戰，周桓王就後悔了，聯軍的戰鬥力根本不行。位於周軍左右兩邊的陳、蔡、衞聯軍本來就是被強迫來的，根本不願拚命，剛和鄭軍相遇就紛紛逃跑了，只剩周軍還在抵抗。戰鬥中，鄭國大臣祝聃（dān，粵音耽）遠遠望見周桓王，張弓搭箭，嗖的一箭射中了他的肩膀。這一箭傷得不重，周桓王忍着痛繼續指揮，但卻已經被嚇破了膽，勉強支撐一陣後下令撤了軍。祝聃還想繼續追趕，鄭莊公沒有同意，對方畢竟是天子，自己要是做得太過分，其他諸侯很可能會以這為藉口，聯合起來攻打鄭國，那就真抵擋不住了。

　　這天晚上，鄭莊公派祭足前去慰問周桓王，客客氣氣地認錯道歉，表示自己是被迫自衞，願意和周桓王和好。周桓王打輸了這一仗，在全天下面前把臉都丟光了。現在人家主動給了個台階下，他便立刻同意和好，拍拍屁股班師回朝了。

「繻葛之戰」結束了，周天子的威望也完蛋了。最開心的還是圍觀的諸侯，這下他們徹底放心了——原來周天子早就是一隻外強中乾的「紙老虎」。大家再也不把王室放在眼裏了。

從此以後，周天子儘管還存在，卻沒有了一丁點天子的威風，諸侯之間打來打去，他根本不敢管，只能裝聾作啞，生怕哪個諸侯一不高興就來找自己的麻煩。隨後的幾百年，雖然周天子偶爾會在歷史的舞台上出現，也只是跑龍套的小角色，主角則換成了互相爭霸的諸侯。敢於第一個以下犯上的鄭莊公就被稱為「小霸」。在他之後，天下又先後出現了幾位霸主，合稱「春秋五霸」。

知識加油站 軍事

春秋時怎麼打仗？

　　當時一般把軍隊分為左中右三隊，「三軍」就是這樣來的。戰車是作戰主力，車身、車輪都是木頭製成的，用兩匹或者四匹馬來拉，車上一般有三個戰士，一人駕車，一人射箭，一人手持戈、矛等長兵器負責近戰，車下還要配備幾十名步兵。打起仗來，這些戰車要排成整齊的隊列，按鼓點的節奏一起衝鋒，如果有車輛擅自行動，很容易打亂整個隊伍。鄭莊公正是靠着打亂陳、蔡、衞聯軍的隊形，贏得了和周軍的這場戰鬥。

管鮑之交

最好的一對朋友 ·······································

大家都有好朋友。可是假如有一個人，渾身都是小毛病，還總愛佔你的便宜，你還願意和他交朋友嗎？大家多半不願意，可是有一個人卻願意。

這個渾身小毛病的人叫管仲，他的好朋友叫鮑叔牙，兩人都是春秋時期的齊國人。他們曾一起做生意，管仲出的本錢少，可分紅的時候卻總要多分一些。他們還曾一起當過兵，每次上戰場，管仲總是第一個逃跑。所以很多人看不起管仲，只有鮑叔牙一直對管仲特別好，從沒有任何怨言，還經常為管仲說好話。他說：「管仲家裏很窮，所以才會多要錢；他有老媽需要照顧，自己戰死了就沒人養活她了，所以才會從戰場上逃跑。」大家看到這裏，是不是覺得鮑叔牙這個朋友也太好了吧。

後來，管仲、鮑叔牙都在齊國當了官。當時，齊國的國君是齊襄公，他有兩個弟弟，一個是公子小白，另一個叫公子糾。鮑叔牙輔佐的是公子小白，管仲則輔佐公子糾。不久，齊國發生了內亂，連齊襄公都被殺了。公子小白和公子糾為了避難，分別逃到莒（jǔ，粵音舉）國和魯國。

內亂結束後，齊國需要立一位國君，兩位公子都有資格。按當時的規矩，誰先趕回國都誰就是國君，所以他們都趕緊動身，拚了命地往齊國趕。

莒國離齊國更近，所以小白趕到了前面。管仲為了阻撓他，獨自拋開大部隊，快馬加鞭，追上公子小白的車隊，想要在半路殺掉他。

管仲遠遠看到車上的小白，張弓搭箭射過去，正好射中小白的腰間。小白啊地大叫一聲，直挺挺地栽倒在車上。鮑叔牙等人慌作一團，趕緊搶救。

管仲以為自己把小白射死了，立刻跑回去匯報。公子糾一聽，放心了，不再忙着趕路，一路上慢慢吞吞，大搖大擺地往齊國走。

但是他們沒想到的是，管仲剛一走，小白就睜開了眼。原來管仲那一箭剛好射在小白腰間的帶鈎上，小白也很機智，馬

上裝作中箭的樣子倒下，騙過了管仲。鮑叔牙等人看到小白還活着，個個又驚又喜，急忙全力趕路，搶先回到了齊國國都，小白當上了國君，這就是齊桓公。

好幾天後，公子糾和管仲才到了齊國。他們看到小白已經即位，全都傻了眼，只好灰溜溜地回到魯國。

魯國的國君魯莊公得知公子糾沒有成為國君，非常生氣，立刻出兵，打算為公子糾奪回君位。大家可能會感到奇怪，這個魯莊公為甚麼那麼仗義呢？倒不是魯莊公有多仗義，而是因為他和公子糾早就約好，魯國幫公子糾當上國君，公子糾會回報魯國很多好處。如今公子糾當不成國君了，自己的好處當然也就沒了。於是，魯莊公親自率領大軍討伐齊國，在乾時（今山東省青州市）與齊國打了一仗。結果魯軍根本不是齊軍的對手，連魯莊公自己都差點被俘虜了。

齊桓公打了勝仗之後，知道自己這君位算是坐穩了，他決定任命鮑叔牙當「宰」，也就是國家總理。鮑叔牙推辭説：「我的能力實在有限，您如今當上了國君，要是只想把齊國治理好，有高傒（xī，粵音奚）和我就夠了；可是您如果還想成就霸業，就必須重用管仲。管仲去哪個國家，哪個國家就會強大起來，您一定不能失去這個人才。」

齊桓公一聽這話，生氣地説：「管仲射中我的帶鈎，差點讓我沒命，你竟然要我重用他？」鮑叔牙回答説：「當時管仲輔佐公子糾，所以才會這樣做，這恰恰説明他的忠誠。您只要赦免他的罪，讓他回國，他同樣會對您忠誠的。」

齊桓公將信將疑，但還是派鮑叔牙出使魯國，還給魯莊公寫了一封信：「公子糾是我兄弟，我不想親手殺他，請魯國殺掉他。管仲也是我的仇人，我要求您把他活着交給我，我非親手把他剁成肉醬才甘心。您要是不聽，我可就要攻打魯國了。」

魯莊公接到信後，立刻殺了公子糾，但如何處理管仲，心裏卻有些不知所措。於是，他召集大臣們來商量。有大臣看出齊桓公的心思，主張不要交出管仲，把他殺掉。因為管仲能力太強了，齊國要是重用他，一定會強大起來，到時候魯國就更不是對手了。

這話讓鮑叔牙知道了，他心想，魯國要殺管仲，那還得了？趕緊跑去見魯莊公：「我們國君恨死管仲了，一定要親手殺了他，讓齊國百姓圍觀。您要是不送回管仲，等於是和齊國為敵。」魯莊公不敢得罪齊國，於是把管仲送回了齊國。

齊桓公聽說管仲回國，親自來到郊外迎接，向他詢問治國之道，管仲對答如流。齊桓公非常高興，馬上任命管仲為相，尊稱他為「仲父」，表示像對待父親般尊重他。君臣從此團結一心。在管仲的治理下，齊國很快變得富強起來。

鮑叔牙也得到了重用，儘管他推薦管仲有功，卻自願擔任更低的官職。這件事傳開後，大家都誇鮑叔牙善於識別人才，管仲自己也不由得感歎：「生我的是父母，了解我的是鮑叔牙啊！」兩個人的友情從此傳為美談，後來還有個成語叫「管鮑之交」，形容兩個人互相了解、互相支持，友誼非常深厚。

帶鈎是當時的「皮帶扣」

　　春秋時期的人們都要繫腰帶，就像現在繫皮帶一樣，帶鈎就相當於「皮帶扣」。貴族們為了追求美觀，會選用青銅、玉甚至金子來做帶鈎，上面還會雕刻花紋、鑲嵌寶石之類。

當時的世界

　　公子小白在與公子糾的競爭中勝出，即位為齊桓公，使得齊國興盛起來。同時期的西方，兩河流域的亞述王子阿薩爾哈東也在與眾多兄弟的競爭中勝出，成為國王。在他統治時期，亞述成了強大的帝國，並且向西征服了古埃及。

曹劌論戰

打勝仗，要靠啥？

　　大家肯定都在電視上觀賞過賽龍舟吧，每艘龍舟上肯定會用到兩樣東西：旗和鼓。不過，大家可能不知道，它們曾經在古代戰爭中起到了更加重要的作用。

　　前面講過，齊桓公當上了國君，又重用管仲，把齊國治理得井井有條，國力強大了不少。齊桓公覺得這時候可以追求霸業了。他還沒忘記鄰居魯國支持過公子糾的事，雖說之前齊國在「乾時之戰」中贏過魯國一次，可齊桓公還是覺得不消氣，決定出兵攻打魯國。管仲不同意齊桓公的打算，他覺得齊國稱霸的時機還沒到，勸齊桓公先繼續發展國力。可是齊桓公急着稱霸，加上又沒把魯國放在眼裏，也就沒聽管仲的意見，還是整頓兵馬出征了。

　　魯莊公見齊軍來了，而且一副氣勢洶洶的樣子，也有些害怕，趕忙組織防禦。這時候，一個叫曹劌（guì，粵音貴）的人聽說了，決定求見魯莊公，幫助魯軍抵抗齊軍。

　　同鄉的人都覺得曹劌多管閒事，勸他說：「國家大事有那些吃肉的貴族老爺們操心，你何必跟着瞎插手呢？」曹劌卻回答：「那些吃肉的貴族都很蠢，沒甚麼遠見。」所以還是去了。

　　魯莊公聽說曹劌求見，也挺納悶的：打仗是我們貴族的事，和你這個百姓有甚麼關係呢？但齊軍太強，他壓力很大，覺得不管怎麼樣，聽一聽曹劌說甚麼也好，便同意和他見面。

　　兩人見面之後，曹劌上來就問他：「齊國強，魯國弱，您打算靠甚麼打贏這一仗呢？」魯莊公沒想到曹劌會問這個問題，支支吾吾了半天，回

答說：「我有好吃的好穿的，不敢一個人獨享，一定分給別人。」曹劌搖搖頭：「這些只是小恩小惠，只能收買幾個人，百姓們不可能都享受到，他們不會因為這個就為您拚命的。」

　　魯莊公想了想，又說：「我祭祀神靈祖先的時候，不敢虛報祭品的數量，一定如實報告。」曹劌又搖頭：「這點誠心也不夠，神靈不會因為這個就保佑您。」

魯莊公連答兩回都答錯了，表情有些尷尬，好像老師面前答不出問題的小學生一樣，抓耳撓腮，最後憋出一句：「魯國大大小小的案件，我雖然不能完全搞清真相，但一定公平審理，不放過一個壞人，也不冤枉一個好人。」

　　曹劌聽了，知道魯莊公心裏是有百姓的，非常滿意地點點頭，回答說：「我們可以憑這個抵抗齊國了啊！等到打仗的時候，請您把我也帶去參戰吧！」魯莊公這才鬆了口氣，他覺得曹劌能問出這麼有深度的問題，應該很有本領，就答應了。

　　開戰這天，魯莊公讓曹劌和自己乘同一輛戰車，率領魯軍前往長勺（勺，sháo，粵音桌。今山東省濟南市）。對面的齊軍已經嚴陣以待了，一看魯軍擺好了陣型，他們就敲動戰鼓，一輛輛戰車向魯軍攻過來。魯莊公正準備下令擊鼓迎戰，曹劌卻止住他說：「現在還不行，我們再等等。」

　　齊軍進攻到一半，對面的魯軍卻不衝鋒迎戰，光是向他們射箭。齊國士兵們都覺得很奇怪。他們硬往前衝衝不過去，又不知是不是有詐，只好退了回去。

　　之後齊軍又是兩次整理隊列、擊鼓衝鋒，魯軍始終沒有擊鼓迎戰，只是射箭防禦。齊軍衝鋒過去又撤回來，再衝鋒過去又撤回來，連着三次都這樣，全都被折騰得直喘粗氣，止不住地冒汗，好像剛被體育老師罰去繞操場跑十圈那樣累。士兵們一個個都大眼瞪小眼，不知魯軍葫蘆裏賣的甚麼藥，心想：這仗還打不打了？

　　對面的曹劌看出齊人軍心動搖，這時才下令：「擊鼓，出擊！」魯軍鬥志正高，一聽鼓聲馬上殺了過去，個個奮勇爭先、銳不可擋。齊軍沒想到魯軍突然殺過來，全都措手不及，這時候想再衝鋒已經來不及了，只好紛紛掉轉戰車逃跑。

　　魯莊公眼看齊軍吃了敗仗，想要下令追擊，曹劌又讓他先等等，自己下了車，彎腰在地上仔細檢查了好一會，又登上車向遠處望了一陣，這才說：「可以追擊了！」魯軍吶喊着追擊起來，就這樣一口氣把齊軍趕出國境，還繳獲了大批兵器、鎧甲、糧草、財寶，贏得了勝利。

　　魯軍勝利了，魯莊公非常高興，卻也有些不明白，於是問曹劌：「你

為甚麼要這樣做？」曹劌就好像老師給學生講題那樣，耐心地解釋起來：「打仗憑的是勇氣。齊軍擊第一次鼓的時候，士兵們的勇氣是最充足的；擊第二次鼓，勇氣就少了很多；擊第三次鼓，勇氣乾脆就沒了。我們的勇氣卻正充沛，所以戰勝了他們。」

魯莊公又問：「那敵軍逃跑時，你為甚麼不讓立刻追擊呢？」

曹劌回答：「齊國實力很強，我們很難知道他們是不是真的被打敗，我擔心齊軍在前面設有埋伏，特意細看他們的戰車留下的車輪印，發現車輪印非常混亂；再站到高處看他們的旗子，也都東倒西歪，顯然齊軍的撤退毫無章法，不會是假裝的，所以才下令追擊他們。」

「長勺之戰」，魯國憑藉曹劌的機智取得了勝利，也給後世留下了「一鼓作氣」的典故。

知識加油站 軍事

齊軍為甚麼不直接衝過去？

春秋時期作戰，兩軍都是駕駛着戰車面對面衝過來，快要碰頭的時候擦肩而過，車上的戰士揮舞着兵器對打幾下之後，駕車的「司機」就讓戰車掉頭，回到自己的陣地上。可魯軍故意按兵不動，齊軍要是直接衝過去，自己的戰車就會撞上魯軍的戰車，這樣會兩敗俱傷，非常划不來，所以他們才會中途停下退回去。

齊桓公稱霸
這個「小白」不簡單 ·····················

　　齊桓公在長勺吃了敗仗後，意識到管仲的意見是正確的，自己太急於求成了。他從此踏實下來，把全部精力投入到治理國家上面。他聽取管仲的意見，利用齊國自身臨海的條件，大力發展漁業、採鹽業，使百姓們都變富裕了，此外，他還選拔任用了一大批人才。就這樣過了些年，齊桓公覺得是時候追求霸業了，管仲便給他出了一個「尊王攘夷」的主意。

　　「尊王」是「尊重周王」的意思。我們前面講過，進入春秋時代，諸侯都不把周天子放在眼裏，管仲卻偏偏建議齊桓公對天子表示尊敬。這樣，齊桓公無論讓諸侯做甚麼，都可以説是天子的意思。哪個諸侯要是膽敢不聽，齊桓公就能藉口對方不聽天子的，召集別的諸侯一起去教訓他。

　　「攘夷」呢？「攘」是驅趕的意思，「夷」是指中原周邊的那些游牧部族。當時這些部族經常騷擾中原各國，「攘夷」就是齊桓公帶領諸侯，去把這些部族趕走，這樣既可以保證各國的安全，更可以讓齊桓公得到好名聲。齊桓公覺得「尊王攘夷」是個好主意，很痛快地同意了。

　　為了稱霸，齊桓公需要先對付鄰居魯國。雖説魯國在長勺之戰贏過齊國，可那次其實是靠曹劌的計謀。如今的齊國不僅更強，而且也更不敢大意，魯國當然佔不到半點便宜。兩國打了好幾仗，魯國連連戰敗，魯莊公只能割讓城池求和，和齊國舉行了會盟。

　　會盟典禮上，齊桓公站在高台上，居高臨下看着魯國大臣們，心裏別提多得意了。魯國大臣們看他這副樣子心裏就來氣，一個叫曹沫的大臣坐不住了，打算教訓一下齊桓公，他「噔噔噔」幾步登上會盟的高台，衝到齊桓公面前，猛地掏出一把匕首架到他的脖子上。

　　曹沫的動作非常突然，在場的所有人都被嚇住了，齊桓公更是一動也不敢動，趕緊問：「你想做甚麼？」曹沫大聲説：「齊國強，魯國弱，你們欺負魯國太過分了！您覺得怎麼辦才好？」齊桓公只好當場表示，願意退

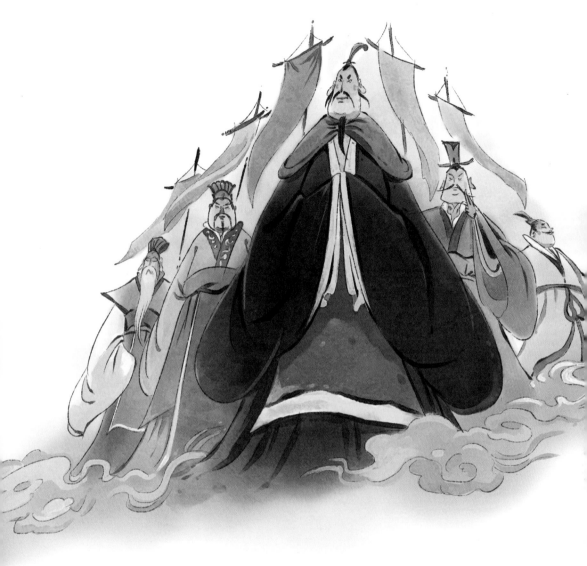

還所有侵佔魯國的地盤。曹沫這才滿意，把匕首丟到一旁，下了高台，回到自己的位子上，好像沒發生過這回事一樣。

　　回到齊國之後，齊桓公特別生氣，他覺得自己在大庭廣眾之下被威脅，太沒面子了，於是想要反悔。他這種心情也可以理解，大家可以想一下，自己要是被人逼着去做甚麼事，也一定不會樂意，肯定能不做就不做。可是管仲勸他別這樣，畢竟他是當眾答應曹沫的，要是貪圖小利、失

去信用，諸侯就不會擁護齊國，齊國也就別想稱霸了。齊桓公想想覺得有理，便忍下了這口氣，向魯國退還了土地。

又過了些年，中原北部的游牧部族山戎攻打燕國，燕國向齊國求援。齊國離燕國很遠，出兵援助又辛苦又要耗費很多糧草錢財，但齊桓公既然想當霸主，這種事就不能推辭，於是仍然出兵討伐山戎，一直打到孤竹（今遼東）。燕莊公非常感激，親自送齊桓公回國，沒想到他倆聊得太投入，燕莊公一直把齊桓公送到了齊國境內，這在當時是違反禮儀的。齊桓公乾脆把燕莊公到過的地方都讓給了燕國。燕莊公高興得不知怎麼辦才好，從此見誰都一個勁地誇齊桓公。這件事在天下傳開後，諸侯人人稱讚，更擁護齊桓公了。

中原搞定之後，南方還有一個楚國不服齊國。楚國位於長江流域，春秋時期吞併了許多小國，中原諸侯都對它很警惕。齊桓公帶領着魯、宋、陳、衞等國的聯軍，先去進攻楚國的跟班蔡國。

蔡國很弱小，根本抵擋不住聯軍，趕忙向楚國求援。楚成王派出使者來見齊桓公：「你們在北方，我們楚國在南方，就算是牛和馬走失了，也不會跑到對方的地盤來。現在你們來到這裏，想做甚麼？」這句話就是成語「風馬牛不相及」的來歷。

當時是管仲負責招待楚使，他故意板起臉，伸出兩個手指：「楚國有兩項罪名：第一，已經好多年不向周天子進貢濾酒用的茅草了；第二，西周時期，周昭王出征時死在了南方，楚國也有責任。」其實管仲舉出的這兩條「罪名」，第一條只是件小事，第二條則是陳年老賬，已經是三百年前的事了。

大家是不是很奇怪，齊桓公、管仲這麼興師動眾來討伐楚國，難道只是為了這種雞毛蒜皮的小事？其實管仲這樣說，只是找個藉口，並不是真向楚國問罪，也並不真想和楚國開戰，只要楚國服個軟就可以了。齊楚兩國實力都很強，真打起來結果很難說。輸了不用說，就算是贏了，也很可能會傷元氣。所以不到萬不得已，兩國誰都不願打起來。

楚使也不傻，一聽就明白了管仲的意思，趕緊裝模作樣地道歉，答應以後重新向周天子納貢。於是，齊楚兩國在召陵（今河南省漯河市）訂立

盟約，各自退兵，史稱「召陵之盟」。從那之後，楚國很長時間內沒有繼續北上。

三十多年裏，齊桓公九次召集諸侯會盟，幫各國解決了許多困難，就好像一個班裏最樂於助人的班長那樣。諸侯都非常服他，誰提起他都讚不絕口。齊桓公在葵丘（今河南省商丘市）召集的會盟是九次會盟中規模最盛大的一次，就連當時的天子周襄王都特意派大臣參加，還賜給齊桓公自己用的弓箭、車馬等物品。這是當時周天子對諸侯的最高獎賞。

從此，齊桓公成了「春秋五霸」之首。後世的孔子對齊桓公和管仲「尊王攘夷」的功勞，評價非常高，感歎説：「如果沒有齊桓公和管仲，我就只能披散着頭髮、穿着衣襟向左邊開的衣服，去當蠻夷了。」

知識加油站 制度

當霸主有甚麼好處？

成為霸主的好處有很多。首先，那些小國都要定期向霸主繳納玉帛之類的貢品，類似交「保護費」；其次，霸主想去打哪個諸侯國，這些小國也都要派出軍隊助戰，聯軍路過自己的國家，這些小國還得出錢出糧草招待霸主；最後，小國們在很多大事上都要聽霸主的安排，不能自己決定，霸主相當於在「遙控」這些小國。當然，如果小國遭到敵國的進攻，霸主也必須出兵援助和保護它們。

當時的世界

公元前 651 年，齊桓公在葵丘召集諸侯會盟。古埃及人在法老普薩美提克一世的率領下，終於趕走了侵略他們的亞述人。

宋襄公不擊半渡之兵

和敵人也要講仁義嗎？ · · · · · · · · · · ·

大家肯定都知道，打仗是會死人的。在戰場上，一不小心就沒命了。所以交戰的雙方為了勝利，也為了自己能活下去，都不惜用各種手段。可是，大家也許不知道，春秋時期，竟然有人會在戰場上讓着敵人，寧可自己吃虧。這個奇葩人物就是宋國國君宋襄公。

前面講過，齊桓公稱霸那些年非常風光。這也惹得宋襄公很眼饞，他整天幻想着自己也

能成為齊桓公那樣的霸主，只要一發話，諸侯都熱烈擁護自己。可他也知道，宋國實力不行，自己的能力也不夠，所以只能把這個念頭藏在心裏，最多在腦海中想像一下，過過乾癮。

沒想到，宋襄公還真等到一個機會。齊桓公在稱霸天下三十多年後去世了。隨後，齊國發生了內亂，太子昭逃到了宋國，向宋襄公求援。宋襄公頓時眼前一亮，覺得自己可以趁機搞點事情，撈一撈名聲和好處，於是很痛快地向太子昭拍胸脯保證，一定幫他登上君位。

宋襄公模仿齊桓公的樣子，也向各國派出使者，邀請他們跟着自己出兵，一起護送太子昭回國。可他終究比不了齊桓公，在天下根本沒甚麼威望，諸侯都懶得搭理他，最後只有幾個小國派出了軍隊。宋襄公一看，有人來總比沒人來要強，就這麼着吧。他率領這支聯軍向齊國進發，剛好齊國的大臣們也都支持太子昭，雙方裏應外合，一起打敗了叛亂者，太子昭順利即位，他就是齊孝公。

這次成功其實是歪打正着，但宋襄公可不這麼覺得，他以為是自己領導有方。隨後，宋襄公又征討了幾個小國：滕國對宋國不服，他就扣押了滕宣公；曹國沒有送羊給他，他覺得這是對他的不敬，就發兵包圍了曹國……總之，宋襄公把周圍的小國全都欺負了個遍。

宋襄公越來越飄飄然，覺得自己肯定能成為新一任霸主。可他不知道的是，真正的挑戰還沒來呢。就好像大家考試時，前面的題看着都簡單，就覺得自己肯定能考高分，但是真正的難題往往在後面。

後來，宋襄公又召集各國在盂（yú，粵音如）地（今河南省睢縣）會盟，其中就包括強大的楚國。這個楚國正是宋襄公這次「霸業考試」的「難題」。

會盟前，宋襄公的哥哥子魚覺得楚國很危險，勸他會盟時做些防備，宋襄公根本沒聽進去，回答道：「我都和楚國約好了不帶軍隊，哪能不

守信啊？我以誠信對待楚國，楚國不會騙我們的！」子魚又說：「那這樣吧，您遵守諾言，去參加會盟，我帶領軍隊在三里之外埋伏。」宋襄公生氣地說：「這樣也是不守信義！你必須跟我一起去參加會盟！」子魚沒辦法，硬着頭皮跟着去了。

果然，楚成王也想當盟主。會盟剛進行到一半，楚成王就翻了臉，他一聲令下，他的幾百名隨從同時脫掉外衣，露出裏面穿着的鎧甲，掏出早就藏好的兵器，分頭佔領了整個會場。諸侯誰都不敢吭聲，宋襄公更是嚇得都快尿褲子了。楚成王得意揚揚地下令把宋襄公關起來，然後趁機攻打宋國，把宋軍打得大敗。

宋襄公被楚成王關了好幾個月，才被放回國。各國諸侯早就聽說這事了，一個個都笑破了肚皮，覺得他真是不自量力：瞧瞧，誰讓你沒那個本事還非要強出頭，這回倒了大霉吧！宋襄公也覺得挺丟人，對楚國恨之入骨。

可是宋國兵力弱，宋襄公不敢直接和楚國開戰，只好攻打楚國的跟班鄭國來泄憤。楚國聽說後，派兵救援鄭國，很快就和宋軍在泓水（今河南省柘城縣西北）相遇，眼看就要開打了。

開戰前，宋軍早就排好了隊列，楚軍卻還在慢吞吞地渡河。子魚建議宋襄公：「趁楚軍這時沒有防備，快去打他們吧！」宋襄公搖搖頭拒絕了：「不行，打仗要講規矩，敵軍沒過完河就去打他們，這是違反禮儀的！」過了一會，楚軍渡過了河，在岸邊亂糟糟地排隊列，子魚又建議宋襄公趁機發兵，宋襄公還是不同意：「對方還沒擺好陣勢就去攻打，這樣不夠仁義！」他覺得自己是要當霸主的，當霸主就得像齊桓公那樣講仁義，哪能趁人之危呢？要不然就算贏了這一仗，天下人也不會服自己。

就這樣，宋襄公眼睜睜看着楚軍排好了隊列，向自己殺過來。宋軍根本不是對手，頃刻間兵敗如山倒，死傷了許多士兵。宋襄公自己大腿也挨了一箭，趕緊帶着殘兵敗將，灰溜溜地逃回了宋國。

百姓們看宋軍死傷這麼多，全都痛罵宋襄公廢物，白白連累自己家的孩子犧牲。宋襄公卻厚着臉皮替自己辯解：「我是要當霸主的，我得講仁義！君子在戰場上打傷了敵人，就不能再打他了，也不能活捉那些頭髮花白、歲數大的敵人，不能去進攻沒擺好隊形的敵人，這都是當霸主的規矩！我就算是亡了國，也不能不講規矩！」

大臣們聽了都哭笑不得。子魚就反駁他：「您要是不想傷害敵軍的傷兵，乾脆一開始就別打他；要是不想俘虜那些歲數大的老兵，還不如直接向他們投降呢！打仗就是為了勝利，要是一定按您說的那樣，我們乾脆直接去當敵人的俘虜算了，還打甚麼仗呢？」宋襄公不吭聲了。

宋襄公在泓水之戰受了傷，再加上心情鬱悶，一年後就去世了。他一心想模仿齊桓公，可是實力不夠，又拘泥於戰場上的「規矩」，結果霸業成空，自己也成了天下的笑柄。後來也有人把他算作「春秋五霸」之一，但和其他幾位霸主相比，宋襄公無疑是最「廢」的一個。

知識加油站 文化

人人都笑宋國人

春秋戰國時期，各國人都喜歡拿宋國人編笑話。孟子講過「揠苗助長」的故事：一個宋國人嫌田裏的禾苗長得太慢，把它們逐個拔高一段，沒過多久，禾苗都枯死了。韓非講過「守株待兔」的故事：一隻兔子在樹樁上撞死了，一個宋國人把牠拿回家，吃了頓兔子肉，從此他天天守着樹樁等兔子再撞過來，田裏的莊稼都枯死了。

這類以宋國人為主角的笑話在當時非常多（「宋人疑鄰」、「野人獻曝」、「不龜手藥」、「鄭昭宋聾」、「穿井得人」）。這是因為宋國人是殷商遺民，保留着很多殷商時期的民俗。在其他諸侯國看來這些民俗不是過時了，就是過於死板，所以經常喜歡拿他們開玩笑。

當時的世界

公元前 639 年，亞述滅了埃蘭。埃蘭位於如今伊朗的西南部，是當地最早的文明。埃蘭圓柱上的封印描繪了埃蘭人打獵、編織、彈奏音樂等日常生活，畫面非常生動逼真。公元前 638 年，「泓水之戰」。

重耳流亡列國
十九年的公子流浪記 · · · · · · · · · · · · · · · · · ·

　　大家是不是一聽到秋季旅行就特別興奮？因為可以出去玩，欣賞外面美麗的景色，一天都不會累。春秋時期有一個晉文公常年在外面跑，去了很多地方，但是他卻沒有心情欣賞美麗的景色，因為他的出遊純粹是被逼無奈。

　　晉文公叫重耳，是晉國的公子。他的父親晉獻公寵愛一個叫驪（lí，粵音璃）姬的妃子，這個驪姬一心想把自己的兒子立為太子，於是經常在晉獻公面前說太子申生的壞話，最後還真把太子申生害死了。

　　驪姬怕自己的兒子還是當不上太子，於是又誣陷晉獻公另一個兒子重耳謀反。重耳得到消息後，趕緊逃跑了。晉獻公知道後

非常生氣，派出殺手追殺重耳。幸虧重耳跑得快，殺手沒追上，只是砍下他的一隻衣袖。

　　還好，重耳不是一個人逃跑，他之前在晉國有很多好朋友：趙衰、狐偃（yǎn，粵音演）、賈佗、先軫（zhěn，粵音診）等，一個個都很有才幹。這些人聽說重耳的行蹤後，也都紛紛跟着他逃亡。重耳帶着這些人，好像一個旅行團，一路上雖然又辛苦又危險，但是也熱熱鬧鬧的，並不孤單。

　　他們先是逃到了狄國，狄人對重耳很熱情，招待他們住下，還把一個叫季隗（wěi，粵音蟻）的女子嫁給重耳。重耳在這裏一住就是十二年，還和季隗生了孩子。後來晉獻公去世，重耳的弟弟公子夷吾奪取了君位，歷史上稱為晉惠公。他也擔心重耳會和自己搶君位，於是派殺手到狄國刺殺重耳。

　　重耳只好帶着「旅行團」逃往齊國。狄國離齊國非常遠。一天他們斷了糧，肚子餓得咕咕叫，正巧路邊有幾個農夫，重耳過去問他們，能不能給自己一點吃的。農夫們自己都吃不飽，哪有多餘的食物給他們？其中一個農夫順手從地上挖起一塊泥土捧給他：「這個給你吧。」重耳一下發火了：你拿我開玩笑呢？想要打他們，趙衰趕緊勸下了：「泥土象徵着土地，這說明您會得到晉國，是好兆頭啊！您應該接受的。」重耳恍然大

悟，趕緊謝過農夫，把這塊泥土收藏好，繼續上路了。

大家大概會納悶，這塊泥土又不能吃，重耳他們該挨餓還挨餓，有甚麼可高興的？這是因為，人遇到困難的時候，最重要的就是希望。哪怕是自己騙自己，也比垂頭喪氣發牢騷好得多。所以這塊泥土還真比一口吃的重要。

重耳他們一行人終於逃到了齊國，總算有了依靠。當時，齊桓公還活着，他熱情地招待了他們，還把家族裏一個叫齊姜的女子嫁給了重耳。這個齊姜溫柔漂亮，重耳非常喜歡她。

重耳在齊國，就像學生放假一樣，整天好吃好喝，除了玩甚麼都不用管。漸漸地，重耳覺得這樣舒舒服服過一輩子也不錯。可沒過多久，齊桓公去世，齊國國內發生了動亂，狐偃等人勸重耳趕快離開齊國，重耳卻死活不走。狐偃等人非常着急，可又拿他沒辦法。

這天，狐偃和趙衰在一棵桑樹下商量，怎麼能讓重耳離開齊國。沒想到齊姜的侍女正巧在樹上採桑葉，聽到了他們的談話，回去後悄悄告訴了齊姜。齊姜也覺得，重耳應該成就一番事業，不能賴在齊國貪圖享樂，於是私下去找趙衰等人，商量出一個辦法。她用酒灌醉了重耳，趙衰等人把重耳抬上車，連夜趕車離開了齊國。

重耳在車上呼呼大睡，越睡越覺得怎麼這麼晃，還這麼冷，睜眼一看，才發現自己躺在車上，兩邊全是山林，一問才知道怎麼回事。他氣得差點直接從車上跳下來，抓起武器就要砍狐偃，嘴裏還罵道：「要是回不去晉國，我就吃你的肉！」狐偃平時就喜歡和重耳開玩笑，只見他嬉皮笑臉地說：「就算回不去，我的肉又腥又臊，您也不會愛吃的！」重耳沒辦法，齊國是回不去了，只能和狐偃等人繼續逃亡。

「旅行團」之後又去了曹國、宋國、鄭國等幾個國家，不是被對方的國君看不起，就是待不長，其間還遭受了一些屈辱。

後來，「旅行團」來到了楚國，才算又一次安頓下來了。有一次，楚成王擺下宴席，隆重地招待他。酒過三巡，楚成王主動問道：「您以後要是能回到晉國當上國君，準備怎麼報答我呢？」重耳想了想說：「楚國物產豐富，您甚麼都不缺，我想萬一晉國和楚國不得已開戰，我會讓晉軍主

動撤退三舍（1 舍 30 里，3 舍是 90 里），表示對楚國的退讓。」這就是成語「退避三舍」的由來。

　　楚國大臣聽後非常不滿，覺得重耳既然這麼說，肯定是想着以後會和楚國打仗，他要是當上晉國國君，早晚會威脅到楚國，所以勸楚成王殺了他。

　　楚成王卻覺得，重耳胸懷大志，他們一行人都是人才，沒有同意殺他，仍然對重耳非常好。

　　幾個月後，重耳的機會來了。晉國得罪了鄰居秦國，秦穆公主動邀請重耳來秦國。

　　重耳到秦國後，又當了一回新郎，娶了秦穆公的女兒懷嬴。不久，晉惠公去世，晉國大臣都暗中來勸重耳回晉國即位，秦穆公也很支持，還派出軍隊護送他們。重耳就這樣回到晉國當上了國君，歷史上稱為晉文公。算起來，重耳在外漂泊了整整十九年。

　　即位之後，重耳把季隗、齊姜、懷嬴這幾位妻子都接回了晉國，在趙衰、狐偃等人的幫助下，把晉國治理得越來越強大。後來，晉國與楚國在城濮（pú，粵音僕，今山東省鄄城縣）開戰，重耳履行了當初對楚成王的承諾，讓軍隊後退三舍，最終卻取得了勝利。再後來，晉文公在踐土（今河南省原陽縣）召集天下諸侯會盟，周天子也派出代表參加，還賞賜給晉文公許多財物。晉文公由此成了齊桓公之後的又一任霸主。

子犯龢鐘

　　子犯龢（hé，粵音和）鐘是一組編鐘，共 8 件，因編鐘上標示了製作者子犯（即晉文公的舅父狐偃）而得名，編鐘上共有 132 個銘文，記載了晉文公流亡十九年復國、晉楚「城濮之戰」等歷史事實，因此非常珍貴。現藏於中國台北故宮博物院。

秦穆公霸西戎

看！五張羊皮換來了甚麼？

大家知道羊皮嗎？春秋時期它可以當作貨幣，換來很多東西。當時秦國的國君秦穆公就用五張羊皮換來了一件無價之寶。這大概應該是春秋時期最划算的一筆買賣了。大家猜一猜，這件無價之寶會是甚麼呢？你肯定猜不到，因為換回來的是一個人。快來看看這究竟是怎麼回事吧。

春秋時期的秦國雖然也是大國，但因為位置比較偏僻，所以比起齊、晉等中原諸侯國落後了不少。秦穆公即位後，也立志要像齊桓公、晉文公那樣稱霸天下。可他身邊沒甚麼良臣，便四處搜求人才。

有一次，相馬大師伯樂給秦穆公推薦了一個叫九方皋（gāo，粵音高）的人，幫他尋找千里馬。三個月後，九方皋給秦穆公寫信說：「千里馬找到了。」秦穆公回信詢問馬的情況，九方皋說是一匹黃色的母馬。穆公很高興，讓他把馬帶回來，結果帶回來的卻是一匹黑色的公馬。穆公見了又奇怪又失望，便問伯樂：「你推薦的人到底會不會相馬，怎麼連馬的顏色和雌雄都分不清？」伯樂聽秦穆公說完事情的經過後，笑着說道：「這就是您不懂了，真正的千里馬不是靠外表來鑒別的，而是憑藉內在的精氣神。九方皋不關注馬的外表，而是看到本質，這才是他真正厲害的地方啊！」秦穆公將信將疑，後來一試，那匹馬果然是一匹千里馬。

這件事讓秦穆公大受啟發，他想，選千里馬是這個道理，選人才不也是這個道理嗎？從此他派人到各國去搜羅人才，選用人才更是不拘一格。「五張羊皮」就是這樣一個求賢的故事。

有一個人叫百里奚，本來是虞國的大臣，後來晉國滅了虞國，他被晉國俘虜，成了奴隸。當時貴族們把奴隸當成私人財產，晉獻公這時候要把女兒嫁到秦國去，百里奚就成了陪嫁的奴隸，要跟着去秦國。可他不甘心一輩子當奴隸，便中途逃跑了，沒想到卻被楚國人捉住，派去放牛。

秦穆公聽說了百里奚逃跑的事，一開始沒有在意。但是有個叫公孫支

的大臣認識百里奚，他告訴秦穆公，百里奚是個難得的人才，一定要把他找回來。秦穆公一聽這話，趕緊派人探尋百里奚的下落，終於探得百里奚在楚國放牛。

秦穆公準備出大價錢把百里奚贖回來，公孫支卻勸住了他。他說：「楚人既然讓百里奚放牛，就表明他們還不知道百里奚有才能，您要是出大價錢去贖他，就等於是告訴他們，百里奚對秦國很重要，那時恐怕楚國就不會放他走了。」

秦穆公聽後恍然大悟，於是故意派使者對楚國說：「百里奚是我們國家逃走的奴隸，我們想把他贖回來，好好懲罰他。」百里奚當時已經七十多歲，楚人覺得留着這麼個老頭也沒用，便答應了。秦穆公就這樣只給了楚國五張羊皮就贖回了百里奚。

百里奚來到秦國，秦穆公非常高興，當場釋放了他，和他討論國家大事。百里奚推辭說：「我是亡國之臣，您真沒甚麼可問的。」秦穆公再三請教，百里奚才講起治國之道。兩人談了整整三天，秦穆公更確定百里奚有治國的才幹，封他為大夫。後來百里奚還得了個外號，叫「五羖（gǔ，粵音古）大夫」，「羖」指公羊，這個外號的意思是五張羊皮換來的大夫。

百里奚又向秦穆公推薦了好朋友蹇（jiǎn，粵音 gin2）叔。當年百里奚遊歷齊國，公孫無知想讓他為自己做事，蹇叔勸他說，公孫無知野心勃勃，跟着他很危險。百里奚因此沒有為他做事。後來公孫無知果然發動叛亂，兵敗被殺。百里奚在周朝都城洛邑的時候，又有機會為周王子頽做事，他聽了蹇叔的勸阻，沒給周王子頽當大臣，又逃過一次殺身之禍。最後他到了虞國，蹇叔還是勸他離開，這次百里奚沒有聽，虞國果然被滅了。

百里奚講完這段經歷後說：「這三次，我有兩次都是聽了蹇叔的話才保住了性命，只有一次沒聽就遭了難，可見蹇叔的明智。」秦穆公聽了也很高興，又派人請來蹇叔，也封他為上大夫。

除了百里奚、蹇叔，秦穆公還從西邊鄰居戎人部落那裏挖來了一位重要人才由余。由余的祖先本來是晉國人，後來逃亡到戎地，成了戎王的大臣。一次，他奉命出使秦國，秦穆公和他一聊，發現他也很有才幹，便想

讓他輔佐自己。可他知道，戎王不會輕易放走由余。後來有大臣出了個主意，秦穆公聽了連連叫好，馬上照辦。

接下來的日子，秦穆公每天都設宴款待由余，想方設法讓他在秦國多待些日子；同時又偷偷派出使者，給戎王送了很多樂師、歌女和舞女，還替由余向戎王請假，説要晚些日子回去。戎王一看這些美女，高興得不得了，整天欣賞歌舞，把國家大事徹底丟到腦後，由余回不回來更不在意了。

戎人部落一直過着游牧生活，需要隨季節不斷搬家到有牧草的地方，可戎王卻因為天天享受，一整年都顧不上搬家，牛馬餓死了一半。這時秦國才讓由余回國。由余看到戎人變成這樣，心裏很焦急，多次向戎王進諫，戎王都不聽，由余對戎王十分失望。這時秦穆公又暗地裏派出使者邀請他，由余終於決定跳槽到秦國。於是，秦穆公又得到了一位人才。

在百里奚、蹇叔、由余等人的輔佐下，秦國逐漸變得強大起來。秦穆公先後征服了周邊的各個戎狄部族，總共滅掉十二個國家，得到了上千里土地，就此稱霸西戎。周天子還特意派出使者，帶着鉦（zhēng，粵音晶）、鼓等物品去向秦穆公表示祝賀，秦穆公因此也位列「春秋五霸」之一。

知識加油站 文化

秦國的由來與秦公簋

　　秦穆公的祖先因擅長養馬，最早被周孝王封到秦邑（今甘肅天水市清水縣至張家川回族自治縣），地處西周時的西部邊陲地帶，因此長期要與西戎交戰。秦襄公時因派兵護送周平王東遷，被封為諸侯。秦德公時遷都到了雍城（今陝西省寶雞市）。

　　現藏於中國國家博物館的秦公簋，蓋內和器內的銘文，記述的正是秦國早期發展的經過。目前大多數學者認為此簋是由秦穆公四代後的秦景公所作。秦景公作此簋是為了彰顯自己「繼承祖先的事業，永保四方土地」的志向。

崤之戰

失敗了沒事，繼續吧 ●

　　大家經歷過失敗嗎？考試考砸了，運動會上輸了比賽，被老師、家長批評，努力做一件事情卻沒有做成⋯⋯

　　失敗之後又該怎麼做呢？是從此放棄，還是繼續努力？要是努力後又失敗了呢？秦穆公在與晉國的戰爭中就經歷了好多次失敗。看看他是怎麼做的吧。

　　秦國強大後，一直想向中原發展，可是秦國的東面是強大的晉國，擋住了他們進入中原的路。這成了秦穆公的一塊心病，他知道不能輕易惹晉國，只能等待機會。

　　等了又等，終於等到一個機會。這一年，晉文公去世了，晉國上下都忙着料理喪事，根本顧不上其他的事。

　　當時，把守鄭國都城的杞子是秦國人，他悄悄派人回秦國，告訴秦穆公：「我手裏有鄭國都城城門的鑰匙，您要是派兵偷襲，一定能拿下鄭國。」秦穆公聽了很興奮，如果真能拿下鄭國，秦國在中原就可以立足了。於是他馬上開始部署，出兵偷襲鄭國。

　　大臣蹇叔卻給他潑了盆冷水，他覺得鄭國離秦國太遠了，如此長途跋涉，等到秦軍趕到那裏，早就累得不行了，哪裏還有力氣打仗呀。再說一旦走漏了消息，鄭國就會有所防備，那這趟就算白去了。秦穆公沒有聽，還是派孟明視、西乞術、白乙丙三位將軍領兵出征了。

　　蹇叔哭着為他們送別，對他們說：「我只能看到你們走，卻看不到你們回來了！」隨後又說：「晉國要是知道了，肯定會在崤（xiáo，粵音淆）山伏擊你們，到時我去那裏給你們收屍吧！」

　　大家是不是覺得蹇叔這麼說太不吉利了？秦穆公聽說這件事後，特別生氣，派人把蹇叔趕走了。孟明視三人根本沒把蹇叔的話放在心上，覺得這一仗肯定能取勝。

　　秦軍一路上耀武揚威，路過周朝國都洛邑時，按照規矩，本應該下戰車向天子周襄王行禮，表示恭敬，可是秦軍根本沒把周襄王放在眼裏，只是糊弄了一下就迅速離開了。這可把周襄王氣壞了，他八歲的小孫子則對爺爺説：「秦軍這麼驕傲輕敵，這次肯定吃敗仗。」

　　大家看看，連八歲的孩子都看出來了，秦軍的下場能好嗎？

　　果然，秦軍走到半道，遇到了一個鄭國的販牛商人弦高。弦高看到秦軍，嚇了一跳，一邊趕緊派人回鄭國報告，一邊急中生智，假裝成鄭國特使，給秦軍送來四張熟牛皮和十二頭牛，對孟明視説：「我們國君聽説秦軍路過鄭國，特地派我來勞軍。」

孟明視等人見了弦高也很吃驚，他們本以為這次行動神不知鬼不覺，沒想到鄭國早就知道了。

很快，他們又見到了杞子。原來鄭國國君接到弦高的情報後，趕緊派人把杞子趕走了。孟明視三人商量了一下，覺得再去打鄭國不可能成功，只好撤軍回秦國。

大家還記得之前蹇叔的話嗎？果然，秦軍的動向沒逃過晉國的耳目，晉軍在崤山設下了埋伏，秦軍一進包圍圈，晉軍就展開了攻勢。他們早有準備，地形又有利，而秦軍又累又餓又沒有防備，很快被殺得幾乎全軍覆沒，只有孟明視等三人被活捉，押回了晉國。

幸好，晉國太后文嬴（就是前面講過的懷嬴）是秦穆公的女兒，很為娘家人着想，她向晉襄公求情說：「孟明視這三人破壞秦晉兩國關係，秦穆公恨不能吃他們的肉，還是把他們放回去，讓秦國去處置吧！」晉襄公很聽太后的話，把孟明視三人放走了。

孟明視他們剛被放走，先軫來拜見晉襄公，一聽說這事，氣得直往地上啐唾沫：「呸！我們在戰場上好不容易捉住了他們，您只憑太后幾句話就把他們放了？」晉襄公被說得滿臉通紅，覺得也是，趕緊又派使者帶兵去將孟明視三人抓回來。

使者追到黃河邊上，孟明視三人已經上了船，正往對岸駛去。使者靈機一動，解下駕車的一匹馬，遠遠地高喊：「三位將軍留步！我們國君說要把這匹寶馬送給你們！請先回來！」孟明視三人好不容易逃離晉國，哪敢再回來？在船上遠遠拜倒下來說：「謝謝晉君開恩，不殺我們，讓我們回去挨罰。我們要是還能活着，三年後一定回來謝謝晉國！」

秦穆公聽說三人回來的消息，特意換上白色的喪服到郊外迎接，哭着對他們說：「我沒聽蹇叔的話，讓你們打了敗仗，這是我的罪過啊。」在場的人都哭成了一片。

秦穆公還寫了一篇名為《秦誓》的誓詞，向全國上下承認自己的錯誤。孟明視三人苦苦練兵，發誓一定要打敗晉國。

過了兩年，孟明視三人連續兩次率兵攻打晉國，又都失敗了。秦穆公還是沒有怪罪他們。孟明視將所有家產都拿出來，送給陣亡將士的家屬，

他自己則和士兵們同吃同住，一起訓練。

又過了一年，孟明視向秦穆公請求出兵攻打晉國。秦穆公同意了，並拿出大量財帛，安撫出征將士的家屬。這一次，秦軍渡過黃河後，孟明視和將士們商量後燒掉了渡船，說道：「我們這回出征要是再敗了，決不活着回去！」將士們聽後，個個士氣高昂，沒幾天就打敗了晉軍，還攻下了晉國的兩座大城，報了之前崤山大敗之仇。

秦軍洗刷了之前的恥辱，回秦國途中路過崤山時，把那些仍然暴露在外的死去將士的屍骨收集起來，好好安葬了。

知識加油站 軍事

春秋戰國的「山東」，不是現在的山東

崤山位於今天河南省靈寶市東南，附近還有一座著名的險關——函谷關。春秋戰國時期，這一帶地勢險要，還是關中（秦國的領土在四個方向各有一處重要關隘：東面是函谷關，西面是大散關，南面是武關，北面是蕭關，中間是大片的平原，「關中」之名由此而來）、中原地區的地理分界線，崤山、函谷關以東，當時稱為「山東」、「關東」。戰國時期，關中屬於秦國，其他六國都位於崤山以東的中原地區，於是也合稱為「山東六國」。

當時的世界

公元前 627 年，「崤之戰」。這一年，位於如今中東地區的亞述帝國已經擴張到了最大版圖，除了希臘和意大利，亞述人幾乎佔領了整個地中海沿岸。他們對待戰敗的民族非常殘忍，經常不分男女老幼統統殺光，還實行各種酷刑。猶太人因此把亞述城市尼尼微稱為「血腥的獅穴」。

楚莊王稱霸

不鳴則已，一鳴驚人 ••••••••••••••••••••••••

大家還記得我們前面講過的那幾個昏庸的君王嗎？你有沒有發現，他們都有一個共同的特點？就是貪圖享樂。下面要講的楚莊王剛開始也和他們一樣，但是他後來卻成了一代霸主。

我們現在看起來，楚莊王這個國君當得可真是太爽了。他即位之後頭三年，就沒處理過一件國家大事，整天飲酒作樂，三年裏只發佈過一道政令：「有敢進諫的，格殺勿論！」

可是這三年裏，楚國亂成了一鍋粥。第一年，楚國的老對手晉國把陳國、衛國這些本來跟着楚國混的小國都爭取過來了。第二年，晉

國又把楚國另一個小弟蔡國打下來了，蔡國向楚國求救，楚莊王壓根就沒出兵。第三年，楚國又鬧起了饑荒，周邊很多臣服於楚國的小部族紛紛起來反叛。面對這樣的局勢，楚莊王居然一直不聞不問。

大家可以想想，要是自己考試考了零分，還整天不去上學，在家打遊戲吃零食睡懶覺，還不許大人管，你們的爸媽得是甚麼反應？他們甚麼反應，楚國大臣們就是甚麼反應。這天，大臣伍舉實在受不了了，他不顧詔令，闖進宮向楚莊王進諫。

楚莊王正醉醺醺地欣賞歌舞，伍舉說：「大王，我最近聽到一個謎語，不知道甚麼意思，您幫我想想？」楚莊王覺得挺有意思，就讓他講，伍舉便說道：「有一隻鳥落在土山上，三年不飛又不鳴叫，這是甚麼鳥呢？」楚莊

王馬上明白過來，回答說：「這隻鳥是在等待時機。牠三年不飛，一飛沖天；三年不鳴，一鳴驚人。你下去吧，我知道你的意思了。」

伍舉見楚莊王這件事很快就傳開了，大臣們都以為楚莊王會從此振作起來。沒想到後面幾個月，楚莊王還是照常吃喝玩樂，於是大臣蘇從又入宮進諫。楚莊王看到他很生氣：「你沒聽到我的詔令嗎？敢進諫的，都是死罪！」蘇從一點也不害怕：「要是我死了能讓您變得賢明，那我也心甘情願！」結果，楚莊王不但沒有下令處死蘇從，而且馬上停止了飲酒作樂，開始親自處理朝政。

其實，楚莊王並不是突然振作，而是早有準備，他前三年不理朝政是故意的。他剛即位時，楚國發生過叛亂，自己甚至被綁架出國都，好不容易才逃回來。所以楚莊王很清楚，朝政被許多大臣把持，自己的威望和能力都不足，不能輕舉妄動。他這才用吃喝玩樂來麻痺權臣們，私下裏卻在物色忠於自己的大臣。伍舉、蘇從的冒死進諫讓他明白，這兩人絕對可以信任。只不過，伍舉進諫時他還沒完全準備好，等到蘇從來見自己的時候，時機已經成熟，可以大展身手了。

楚莊王重用了伍舉和蘇從，又一口氣廢除十項舊政令、推出九項新政令，誅殺了許多權臣和罪犯，提拔了許多有功之臣。然後他親自率軍滅掉庸國，又打敗宋國、鄭國等多個國家，鞏固了自己的統治，也使楚國變得強大起來。

一連串勝利後，楚莊王的胃口更大了，甚至打算和周天子較量一下。有一次，楚國討伐陸渾戎取得了勝利，凱旋時路過洛邑，楚莊王故意組織了一場盛大的閱兵，讓楚軍在洛邑郊外擺開陣型。周定王嚇壞了，趕緊派使者過去，表面上是犒勞楚軍，其實是想搞明白楚莊王到底想做甚麼。

這位使者是王孫滿，正是前面講過的，預言秦軍會失敗的那個孩子，如今已經長大了。見面後，楚莊王故意問他：「洛邑的九鼎有多重啊？」王孫滿心裏一驚，九鼎是周王室的象徵，楚莊王這麼問，顯然有取代周天子的打算，他回答說：「治理國家的關鍵在德，不在鼎本身。」

楚莊王很不屑：「九鼎有甚麼了不起？我們楚國只要把兵器上的尖頭折下來熔化掉，也能鑄成九鼎！」王孫滿知道現在不能和楚莊王鬥嘴，

委婉回答說：「天子如果有德，鼎就算很小，也會重得搬不動；如果沒有德，鼎就算再重也可以搬走。如今周王室雖然不如從前了，但德還在，別人是不能問鼎的輕重的。」他這是暗示楚莊王沒有「德」，不配擁有九鼎。

其實，楚莊王心裏也清楚，自己的實力還遠不足以滅亡周室。於是，楚莊王閒聊幾句扯開了話題，便班師回楚國了。他這次雖然沒對周天子怎麼樣，卻給後世留下了「問鼎」這個典故，從此人們形容誰打算爭奪第一名，都會說他想要「問鼎」。

在這之後，楚國又戰勝了最大的對手晉國。楚國當時本來在攻打鄭國，鄭國向晉國求救，可直到楚國拿下鄭國，晉軍才慢吞吞趕到。晉軍主將荀林父見鄭國已敗，就想撤軍，可其他大將根本不肯聽他的，擅自進軍，反而被楚軍打得大敗。晉軍逃命時需要坐船渡過黃河，那些沒上船的士兵拚命伸手扒住船舷，先上船的士兵們為了盡快開船，乾脆把他們扒住船舷的手指砍斷，很多人就這樣在黃河中淹死了。楚莊王倒是不想對晉軍趕盡殺絕，也就沒有乘勝追擊。這一戰就是「邲（bì，粵音拔，今河南省滎陽市東北）之戰」，楚莊王從此也成為「春秋五霸」之一。

知識加油站 事件

弭兵之盟

　　楚國稱霸後，與老牌霸主晉國衝突不斷，使得周邊小國跟著遭殃。於是，宋國的大夫華元便從中調停楚、晉兩國關係，召集各國會盟，簽訂停戰協議。這次會盟使得楚國和晉國維持了三年的和平。

　　過了許多年後，宋國大夫向戌再次召集各國會盟，約定晉、楚兩國分享霸權，除秦、齊兩個大國外，各小國都需要向晉國和楚國進貢同等的禮物。這次會盟使得中原地區長達十幾年沒有大的戰爭。歷史上將這兩次會盟稱為「弭（mǐ，粵音美）兵之盟」。

晏子使楚

別小看這個矮個子 · · · · · · · · · · · · · · · ·

　　大家在學校有沒有被同學嘲笑過？被人嘲笑後，你會怎麼做呢？是忍氣吞聲不理他，去告訴老師，還是直接和他翻臉？下面來看看齊國大臣晏子是怎麼做的吧。

　　晏子是齊國有名的政治家和外交家，曾輔佐了齊靈公、齊莊公、齊景公三代國君。他很有才能，生活儉樸又努力工作，為人機智又能言善辯，只是有一點：他的個子很矮。

　　我們現在當然覺得沒甚麼了，但是古代特別看重外表，長得帥、個子高的人更容易獲得機會。而晏子由於個子矮，經常被別人嘲笑。

　　有一次，齊景公派晏子出使楚國。當時楚國比齊國強大，楚王想在齊國使者面前耍耍威風，趁機羞辱一下齊國，於是特意招來左右，好好佈置了一番。

　　晏子來到了楚國的都城，發現城門緊閉，怎麼叫也叫不開，正納悶呢，負責接待的官員把他領到城門旁的一個小洞前，一本正經地對他說：「我們大王說了，以您的個子，不用走城門，從這個小洞裏鑽進去就可以了。」

　　大家想想，如果是你面對這種羞辱，會怎麼說？恐怕一時半會想不出回擊的話吧？可是晏子非常機智，他並沒有發火，看看這個小洞，抬頭對楚國官員說：「這不是城

門，是狗洞啊。出使人的國家，應該走城門，出使狗的國家，才從狗洞裏進去。難道我是到了狗國嗎？」楚國官員被噎得無話可說，只能乖乖地打開城門，讓晏子進去。

來到大殿，見到了楚王。楚王把晏子從上到下打量了一番後，輕蔑地問：「難道你們齊國沒人了嗎？」

晏子從進城起就處處留神，現在一聽這口氣就知道，楚王想偷偷使壞呢，這時候自己可不能丟齊國的人，便回答說：「我們齊國都城臨淄有七千多戶人家。大街上的行人一起抬抬衣袖，都能連成帳幕；揮揮汗水，都好像下了場雨；走在路上，肩膀挨着肩膀，腳跟連着腳尖，怎麼能說沒人？」

楚王聽完後，馬上起勁了：「齊國有這麼多人，做甚麼偏偏派你來出使楚國啊？」

晏子笑了笑，答道：「我們齊國有個規矩，派使者出使別國，得先看對方的國君是甚麼樣的人。如果是賢明的國君，就派賢德的人出使；如果是昏君，就派無能的人出使。我是齊國最差勁的人，就被派來出使你們楚國了。」

楚王沒想到晏子這麼回答，一時間無言以對，只好岔開話題，和晏子談正經的國事。談着談着，兩個侍衛押着一個犯人進入大殿，楚王大聲問：「這個犯人是哪裏人？」侍衛回答說：「他是齊國人。」

「他犯了甚麼罪？」

「犯了偷盜罪。」

楚王笑嘻嘻地轉臉問晏子：「先生，齊國人都喜歡偷盜嗎？」

晏子聽到這話，知道這是和國家尊嚴有關的問題，自己不能馬虎。他趕忙離席起身，表情也變得嚴肅：「大王，橘樹種在淮河以南，結出的橘子又大又甜；可是種到淮河以北，就只能結出又小又澀的果實『枳』。您知道為甚麼嗎？這是因為水土的差別。人生活在齊國不會偷東西，可是一來到楚國就習慣偷竊了，會不會是楚國的水土讓人學會了偷東西？」

這話讓楚王又一次無言以對，只能苦笑着自我開解：「本來我想和晏子開個玩笑，卻被他給戲弄了。」憑藉自己的機智，晏子維護了齊國的尊嚴，順利完成了出使任務，這就是晏子使楚的故事。

晏子的機智不是只有這一次。齊景公手下有三位勇士，他們叫公孫接、田開疆、古冶子，個個都能赤手空拳和老虎對打，所以齊景公很寵信他們。他們也因此非常驕橫，哪個大臣都看不起。

晏子覺得這樣下去，三個人早晚會危害到齊國，於是勸齊景公提防他們。齊景公便打算殺掉這三人。可他也知道，三個勇士都很能打，真要明說除掉他們，搞不好三個人就先下手為強，把自己除掉了。晏子覺得也對，便給齊景公想了個辦法。

這天齊景公擺下宴席，把三個人都請過來。等吃到酒足飯飽，手下獻上兩個桃子，請三位勇士吃。三個人你看看我、我看看你，都想吃，可桃

子只有兩個，怎麼分呢？這時候晏子說話了：「要不，三位都講講自己立過的功勞，誰功勞大誰先吃。」

三個勇士一聽都起勁了。公孫接搶先開口：「我力氣大得能打老虎，還不配吃一個桃子？」先搶了一個桃子。

田開疆也趕緊開口：「我能帶兵打仗，把強大的敵軍打敗了好幾次，也應該分一個桃子！」他把剩下那個桃子也搶了過去。

這下只剩古冶子了，他沒想到兩位這麼不客氣，拔出劍大喊：「我有一次跟着國君過河，河裏有一隻大鱉咬住了駕車的馬，把牠往水裏拖，眼看着國君也要落水了，這時我跳進水裏宰了大鱉，救了國君。我的功勞大不大？你們還不把桃子給我？」

公孫接、田開疆一聽，都慚愧得不得了，說：「我們沒有你功勞大，卻拿了桃子，這也太貪心了！」趕緊把桃子給了古冶子。那時的人臉皮都特別薄，脾氣也都特別大，經常為一點小事就尋死覓活的，公孫接、田開疆越想越羞愧，覺得自己太丟人了，都沒臉活了，乾脆拔出劍來，一起自殺了。

這下古冶子也又驚又愧，他說：「我們三個約定同生共死，如今我卻害得他們為兩個桃子而死，我真是不仁不義，還有甚麼臉活着！」也自刎了。

晏子只用了兩個桃子，就除掉了三個勇士，這就是「二桃殺三士」的故事。

春秋時有哪些水果？

故事裏提到了橘子、桃子，這都是當時常見的水果。楚國盛產橘子和柚子。北方中原地區的常見水果除了桃子，還有布冧、杏、梅、梨、山楂、棗、柿、瓜、奇異果等，不過瓜是哈密瓜，並不是西瓜。如今我們常吃的蘋果、香蕉、葡萄，春秋戰國時期還沒有，都是後來陸續傳入中國的。

孔子創立儒家

老師們的老師 ·····································

　　大家每天都要上學，聽老師講課。可你知道，老師這個職業是怎麼來的嗎？

　　説起老師這個職業，就必須要感謝春秋時期魯國的孔子。「子」是當時人們對那些有學問的人的尊稱，就是「先生」的意思。

　　據説，孔子生下來時，頭頂中間凹下去一塊，周圍凸起，看着像小山丘環繞了一圈，所以父母給他起名叫作「丘」。

　　孔子出生沒多久父親就去世了。孔子小時候常常模仿大人的樣子，擺上各種罈罈罐罐做祭祀的遊戲。長大後，孔子因家境貧寒，做過各式各樣的工作，甚至還當過會計。後來，他看到周王室衰落，諸侯之間戰爭不斷，讓百姓受了不少苦，於是立志要復興周禮。孔子三十歲的時候開始收徒講學，甚至連不少貴族都讓自己的兒子跟着孔子學習。

　　本來在周代，只有天子、諸侯等貴族家的孩子才能接受教育，一般人家的孩子是不能上學的。孔子卻認為應該「有教無類」，意思是説，任何學生，不管家裏有沒有錢，不管聰明還是笨，甚至不管年齡大小，都有權接受教育。所以他的學生裏既有「官二代」、「富二代」，也有很多貧寒人家的孩子，甚至還有犯過罪改過自新的人。每個學生只要象徵式地交十條肉乾當學費，就可以跟着他上課。

　　面對學生們，孔子還擅長「因材施教」。大家都知道，一個班裏的學生，水平是不一樣的。同一道題，也許有的同學能很快做出來，有的同學卻連題目都讀不懂。所以孔子這個老師給不同學生講的內容也不同，對聰明的學生，他會多教一些難度較大的

內容；程度差一
點的，就教一些基礎
的、簡單的內容。愛偷懶
的學生，他會多催促；沒自信的
學生，他就多鼓勵。總之就是讓每個學
生都能有收穫。

　　在學生們面前，孔子也不擺老師的架
子，他說過：「三人行，必有我師焉。」意
思是，只要幾個人在一起，他們當中就必
定有人能當自己的老師。孔子還認為，就

算自己是老師，也有不懂的地方，所以向學生請教不是甚麼丟人的事，這就叫「不恥下問」。

孔子的核心思想是一個「仁」字，一方面是約束自己，一方面是愛身邊的人：愛父母、愛家人、愛師長、愛朋友等。這些主張雖然能培養出道德高尚的「君子」，但當時各國間經常打仗，國君們最需要的是能富國強兵的人才，並不需要這種「君子」。所以孔子在魯國講學很多年，但當官從政的經歷一直很不順。

孔子在魯國當過中都宰、司空、大司寇等官，但做的時間都不長，成績也並不突出，而且他和朝中當權的「三桓」矛盾很深。「三桓」是季孫氏、叔孫氏、孟孫氏三家貴族，他們都是魯國國君魯桓公的後代，一同把控着魯國的朝政，當時的國君魯定公基本成了個擺設。孔子認為「三桓」都是亂臣，曾經在魯定公的支持下，計劃拆毀這三家自己修築的城牆，從而削弱「三桓」的勢力，這件事就叫「墮（huī，粵音輝）三都」。但「三桓」就是不同意，結果「墮三都」不了了之，孔子反而得罪了他們。他也知道自己在魯國很難再得到重用了，於是乾脆帶領弟子們去了其他諸侯國尋找機會。

旅途中，孔子和弟子們吃了很多苦頭，好在孔子從不灰心喪氣。路過陳、蔡兩國時，他們趕上了內亂，被圍困住，又吃光了糧食，好多弟子都餓得躺在地上「哎喲哎喲」呻吟個不停，只有孔子還強打着精神，為大家彈琴唱歌、鼓舞士氣，總算熬到解圍。

在鄭國時，孔子和學生們走散了，一個人獨自跑到城門外等着。學生們到處打聽老師的下落，有人告訴他們，東門外有一個人，狼狽得好像喪家狗一樣，可能是孔子。學生們找到孔子，把「喪家狗」的比喻告訴他，孔子也不生氣，反而笑了：「是啊是啊，我真的很像喪家狗啊！」他就是這樣一個擅長自嘲、性格又很樂觀的老頭。

孔子在列國周遊了十四年，見了很多國君和貴族，大家都很尊敬他，可就是沒人肯用他，最後他還是回到了家鄉魯國。這時孔子的年紀很大了，眼看復興周禮的夢想難以實現了，於是開始把全部精力放在著書立說上。

孔子收集、整理了各地流傳的詩歌，編輯成《詩經》，又編輯了《尚書》、《禮記》，註解了周文王的《易經》，還編輯、整理了一部魯國史

書，定名為《春秋》，這五部書就是後來的「五經」。《春秋》則成了「春秋時代」名稱的由來。孔子去世後，他的學生又把他生前說過的很多名言整理出來，編成了另一部書——《論語》。

孔子一生雖然沒能實現理想，卻在天下傳播了自己的思想，更普及了平民教育。相傳他一生共教出三千弟子，其中最賢能的有七十二人，他也被認為是儒家學派的開創者。至今，他的故鄉山東曲阜還保留着孔廟，紀念這位大教育家。

當孔子的學生，需要上甚麼課？

孔子教的課總共有六門，合稱「六藝」：禮儀、音樂、射箭、駕車、書法、算數。這些原來都是只有貴族才能學的。

禮儀是貴族交往必須掌握的技能，面對國君和其他貴族時，怎樣行禮，怎樣和對方交談，平時自己穿甚麼衣服、住甚麼房子、乘坐甚麼車馬，都有一整套規矩，如果不懂，根本沒法和其他貴族交往。

音樂也是貴族們交流的重要工具。當時的統治者認為，典雅的音樂可以培養人的道德、陶冶人的情操，所以每個貴族都精通音樂，祭祀、上朝、宴會等場合也經常要用到。不懂音樂，也就和貴族們沒有共同語言。

射箭、駕車相當於體育科，書法、算數則是文科和理科，當時的貴族們都要上戰場打仗，也都要管理自己的封地，這些技能對他們來說也都是必備的。

當時的世界

孔子生於公元前551年，死於公元前479年。同時期的世界很多偉大的思想家如星辰般湧現了，最著名的有古希臘的畢達哥拉斯和古印度的釋迦牟尼。

伍子胥復仇

頑強的復仇者

大家在小說、影視劇、動漫裏，常會看到「復仇」的故事，但是它們大部分都是虛構的。春秋時期卻真有一個頑強的復仇者，他的故事其實更加精彩，這位復仇者就是伍子胥。

我們前面講楚莊王時，曾提到過一個叫伍舉的大臣，他就是伍子胥的祖先。到了楚平王的時候，伍子胥的父親伍奢擔任太子建的老師，這本來是個很光榮的職位，可是對伍子胥他們家來說，卻是不幸的開始。

太子建長大後，楚平王替兒子向秦國求親，娶了一位秦國公主。但楚平王見到公主後，看她

　　長得很美，就強行把她霸佔了。他也知道這事做得有些過分，怕兒子恨自己，所以有了廢掉太子的打算。伍奢為了保護太子，堅決反對。楚平王一生氣，把伍奢關押了起來。太子建聽到風聲趕緊出逃，後來在鄭國遇害。

　　壞事做到這裏，楚平王還不肯停手，想把伍家斬草除根。他派出使者，意圖把伍奢的兩個兒子伍尚、伍子胥騙到都城。使者對伍尚、伍子胥兄弟倆說：「你們要是去，你們的父親就能活命；不去，楚王馬上就會殺掉他！」

哥哥伍尚一聽急了，馬上就要去，伍子胥勸阻他說：「楚王召我們兄弟倆，不是為了讓父親活命，是怕我們逃跑，成了禍患，所以才拿父親當人質，召我們過去。你看着吧，等我們真的到了都城，父子三人就會一起被殺。我們不如投奔別的國家，借別國的力量來救父親。」

伍尚卻搖頭說：「你說的我都知道，去了都城也不能保全父親的性命，可我還是想試試。這樣吧，我們分頭行動，我去都城救父親；你逃走，找機會報殺父之仇。」說完這番話，伍尚主動讓使者把自己捆起來了。

使者又要來抓伍子胥，伍子胥可不像哥哥那樣好說話，他張弓搭箭對準使者：「你再敢上前，我就射死你！」就這樣，伍子胥逃走了。沒過多久，都城就傳來了父親和哥哥一起遇害的消息。據說伍奢得知小兒子逃跑，歎息了一句：「今後楚國是要陷於戰亂了啊！」

父親和哥哥的遇害，讓伍子胥對楚平王恨之入骨。可他也知道，當務之急是先活下來，自己現在已經是通緝犯，楚國待不下去了，於是逃向鄰國吳國。

為了逃命，伍子胥吃盡了苦頭。相傳他路過吳楚邊境——昭關（今安徽省含山縣北）的時候，守衛已經接到通緝令，正在逐個比對畫像，盤查所有的過往行人。伍子胥不敢過關，愁了整整一夜，第二天早上發現自己頭髮全白了，也老了很多，再沒人認出他，這才順利蒙混過關。

後來他逃到江邊，江邊只有一位漁翁，撐船把他送過了江。伍子胥解下隨身帶的寶劍，想送給他表示感謝。漁翁卻拒絕了：「你這寶劍價值百金，可楚國為了捉拿你，懸賞五萬石糧食、執珪的爵位（當時楚國最高的爵位）。我要是只為錢，早就拿你去報官了，還稀罕你這百金的寶劍嗎？」這番話讓伍子胥又羞愧又感激，他告別了漁翁繼續逃亡。

逃到一半，伍子胥得了病，又花光了路費，走投無路之下，只好每天在鬧市中靠着吹簫賣藝，勉強賺錢餬口。大家想想，要是我們有了伍子胥的遭遇，怕是早就絕望了吧？可是伍子胥硬是咬着牙堅持了下來。

這樣熬了很久，伍子胥結識了吳國的公子光，終於鹹魚翻身了。他察覺到公子光有自立為君的野心，就向他推薦了一個名叫專諸的刺客，刺殺了吳王僚，公子光當上吳王，這就是吳王闔閭。伍子胥因為擁立有功，執

掌起吳國的軍權，也終於有了向楚平王報仇的實力。

之後的幾年裏，伍子胥帶領吳軍多次和楚國作戰，連連得勝。最後一次，伍子胥和大軍事家孫武聯手，和楚軍連打五仗，一口氣打進了楚國的都城郢都。這時他才知道楚平王已經死了，新即位的楚昭王也早就逃跑了。這讓伍子胥非常失落，覺得這樣的報仇還不夠解氣，於是他挖開了楚平王的陵墓，拖出他的屍體，用鞭子狠狠抽了三百下，這才作罷。

這個舉動也震驚了天下。伍子胥有一位好朋友申包胥得知了這事，特意去指責他：「你這樣報仇也太過分了，連死人都不放過，真是傷天害理！」伍子胥卻回答：「吾日暮途遠，吾故倒行而逆施之。」意思是説，我現在就好像一個出門在外的旅客，天都快黑了，可路途還很遙遠，所以做事只能違背情理。這就是成語「倒行逆施」的由來。

申包胥無法勸説伍子胥放棄復仇，於是前往秦國求救。秦國卻不想出兵：你們楚平王當年霸佔我們公主，這事還沒和你們算賬呢，楚國滅就滅了，活該！我們不管！申包胥特別絕望，站在秦宮裏沒日沒夜地哭，整整哭了七天七夜，秦哀公終於被打動了。他覺得楚王雖然可惡，但楚國能有這樣的臣子，這個國家還是值得去救，於是派出五百輛戰車去援助楚國。這時吳國也把楚國打得差不多了，一看秦軍過來，就撤軍了。

經過這一戰，伍子胥為家人報了仇。吳王闔閭不僅打敗了強大的楚國，也降服了相鄰的越國，還得到齊、晉等大國的尊敬，所以有人把吳王闔閭也算作「春秋五霸」之一。

藏在魚肚子裏的劍

專諸為了刺殺吳王僚，可以説是煞費苦心。他知道吳王僚身邊戒備森嚴，於是在一次宴會上，他事先把一柄短劍藏進烤魚的肚子裏，自己扮作廚師，藉着上菜的機會，突然從魚肚子裏抽出短劍，殺死了吳王僚。這柄短劍因此有了一個名字，叫魚腸劍。

孫武練女兵

兵法鼻祖的速成軍訓法 ● ● ● ● ● ● ● ● ● ● ● ● ● ●

　　大家嘗試過步操嗎？嘗試過步操就知道，想要讓隊伍中所有人的動作都整齊劃一，必須得花大力氣去練。可是大軍事家孫武就有辦法，一會工夫就把一羣「零基礎」的學員訓練好了，只不過，手段實在是嚇人了一點。

　　孫武是齊國人，他寫過一本有名的兵書《孫子兵法》，這部書很快就流傳到天下各國，那些國君、大將們人人都爭相閱讀。後來孫武來到吳國，吳王闔閭也是他的粉絲，特意接見他，問：「我讀過您的兵書，寫得非常好，但您能實際操練軍隊嗎？」孫武回答說：「可以。」闔閭想看看孫武到底有多大本事，又故意問：「可以訓練女子嗎？」他本以為孫武辦不到，沒想到孫武又回答：「可以。」

　　闔閭的胃口一下被吊起來了。他把后妃宮女們都叫了出來，共有一百八十人。孫武把她們分成兩隊，每人發一支戟，又讓闔閭最寵愛的兩位妃子擔任隊長，然後問大家：「你們知道自己的心、左右手和後背嗎？」

　　宮女們從沒受過訓練，都覺得很新鮮，嘰嘰喳喳地回答：「知道！」孫武解釋說：「我說『向前』，你們就面向心口所對的方向；我說『向左』，就面向左手所對的方向；我說『向右』，就面向右手所對的方向；我說『向後』，你們就面向背所對的方向。明白了嗎？」宮女們亂糟糟地回答：「明白了！」

孫武下令擺好斧鉞（yuè，粵音月）等刑具，又把剛才提過的號令重複了三五次，這就是成語「三令五申」的由來。宮女們嘴上答應着，其實沒一個放在心上。孫武擊鼓發令，她們都原地不動，咯咯笑個不停。

孫武不動聲色，他早猜到宮女們不是那麼容易就訓練好的，就對她們說：「紀律不清楚，號令不熟悉，這是我這個將領的過錯。」再一次反覆交代，然後重新擊鼓發令，宮女們又都走得亂七八糟。吳王闔閭在旁邊看得暗自發笑，心想：後宮這麼多女人，我都管得頭疼，更別提你孫武了。等着看他繼續鬧笑話。

孫武看到這一幕，頓時拉下了臉。他又一次訓話：「之前號令不清楚，是我這個將領的過錯；現在既然我已經講清楚，你們卻不按號令行事，那就是你們的問題了。」當場下令：「斬殺兩名隊長！」

這一下，擔任隊長的兩名妃子嚇壞了，所有的宮女也都嚇壞了，連闔閭都吃了一驚，趕忙阻止說：「我知道將軍善於用兵了，可我要沒了這兩個妃子，飯都吃不香，您還是饒了她們吧！」孫武毫不通融：「我已接受您的命令擔任將領，大將在軍隊裏，國君有的命令是不能接受的。」這句話後來就演變成大家都很熟悉的「將在外，君命有所不受」。他不顧闔閭的反對，還是斬殺了兩名妃子。

大家看到這裏，大概會覺得孫武斬殺兩名隊長的行為太殘酷了，但這在當時是有道理的。中國古代的軍隊極度強調軍紀，將領遠比訓練步操的老師嚴厲得多。因為打仗的時候，士兵們必須根據旗鼓號令一起前進後退，一旦有人不服從命令，很容易在隊列中造成混亂；這時如果受到敵軍的攻擊，很可能會傷亡慘重。所以在古代的軍隊中，一旦有破壞軍紀的士兵，將軍們幾乎都是格殺勿論。

孫武斬殺了兩名隊長，又任命了兩名宮女當新隊長。這回宮女們一個個嚇得膽戰心驚，再也不敢說笑打鬧了。孫武擊鼓發令，她們無論朝哪個方向走，都走得整齊劃一。練了幾遍之後，孫武向闔閭報告說：「隊伍已經操練好，大王可以來檢閱了。大王無論下甚麼命令，她們都可以執行，哪怕是赴湯蹈火也辦得到。」

吳王闔閭正為兩個妃子的死而傷心呢，哪有心情檢閱，沒精打采地回

答:「將軍停止練兵,回去休息吧。我就不看了。」孫武看出他的心思,說:「看來大王只是喜歡看我談論兵法,卻不喜歡我真的用兵啊。」吳王闔閭這才醒悟過來,不能因為自己的好惡而怠慢真正的人才,於是馬上任命孫武做了將軍。

後來,在孫武和伍子胥的輔佐下,吳王闔閭用了七年時間訓練軍隊,增強國力,又讓孫武、伍子胥一起領兵,率領三萬精銳吳軍長途奔襲三百里,在柏舉(今湖北省麻城市)和楚軍展開連番大戰,接連勝了楚軍五次,最後幾乎滅了強大的楚國。孫武的那本《孫子兵法》更成了中國古代將領們的必讀經典,影響了整整兩千年,直到現在還有很多人在研究它。

知識
加油站 軍事

《孫子兵法》都說了甚麼?

《孫子兵法》共有 13 篇,講述了許多用兵原則,開篇《始計》就講,出兵前就要比較敵我的各種條件,估算戰事勝負的可能性。書中還強調要注重「形」與「勢」,「形」就是國力兵力的強弱等,「勢」類似於取勝的條件、機率;並且主張作戰時儘可能運用智謀,以儘量小的損失獲得儘量大的戰果。

當時的世界

吳國與楚國的「柏舉之戰」發生於公元前 506 年。此時歐洲的羅馬共和國則剛成立不久。當時羅馬人驅逐了前任國王,由元老院、執政官和人民會議三權分立,掌握國家大權。元老院由貴族組成,執政官是從貴族中選舉產生,人民會議成員由男性平民和男性貴族構成。

勾踐臥薪嘗膽

「自找苦吃」的君主 ● ● ● ● ● ● ● ● ● ● ● ● ●

大家有沒有吃過苦的東西？那滋味是不是特別不好受？所以人們通常都不願意吃苦的東西。可是春秋時期有一個叫勾踐的人，卻每天都要嚐最苦最苦的苦膽。你肯定好奇，他這是為甚麼呢？

春秋時期，吳越兩國是鄰居，經常打來打去。稱霸一時的吳王闔閭就是在和越國的戰鬥中被射傷去世的。他的兒子夫差繼位後為父報仇，把越國打得大敗。越王勾踐帶着殘兵敗將退守到會稽山（今浙江省紹興市），被吳軍團團圍住，眼看就要全軍覆沒了。

勾踐身邊有兩位很能幹的大臣，一個叫范蠡（lǐ，粵音禮），一個叫文種。范蠡建議向吳國求和。勾踐知道眼下也沒別的辦法，於是派文種前往吳軍營中，在夫差面前低聲下氣地請求說：「我們大王甘願給您當臣子，只求您能給越國一條生路。」又偷偷賄賂吳國的權臣伯嚭（pǐ，粵音鄙），請他為越國說好話。

聽到文種的請求，夫差有些拿不定主意。前面我們講過的伍子胥，這時仍然是吳國大臣，他堅決反對接受投降，認為勾踐、文種、范蠡都不是一般人，一旦饒過他們，就等於放虎歸山。伯嚭卻因收了越國的賄賂，一個勁兒為勾踐說好話。最後夫差聽了伯嚭的意見，但也提出了一個要求：勾踐君臣必須來吳國當人質。

勾踐為了活命，只好答應了。從此，勾踐就和范蠡來吳國當起了奴隸，文種則留在越國治理國家。勾踐他們在吳國過得非常辛苦，住在石頭做的簡陋屋子裏，穿着破舊的衣服，整天為吳王砍柴、餵馬、打掃衞生，

還得恭恭敬敬的，一點也不能抱怨。相傳有一次夫差得了重病，勾踐甚至專門嚐過他的大便，好看看他病情怎麼樣，甚麼時候能痊癒。

　　大家想一想，這種事一般人肯定都受不了，可是勾踐硬是忍着噁心去做了。他就是要用這種方式向夫差表示自己的忠誠，換來回國的機會。果然，夫差被勾踐感動了，覺得他對自己是真的忠心，再加上伯嚭在旁邊勸說，夫差便不顧伍子胥的反對，把勾踐他們放回了越國。

回到越國後，勾踐長出了一口氣：終於回來了！他決心向吳國復仇，可吳國仍然強大，要是打不過吳國，自己早晚還得給夫差當俘虜，甚至腦袋都得徹底搬家。

為了不忘記在吳國當俘虜的日子，勾踐故意每天睡在乾柴堆上，把自己硌得渾身生疼；吃飯前也總要嚐一嚐苦膽，提醒自己別忘記當年受過的苦。他還在國中發佈了許多法令，激勵百姓們耕種、當兵，照顧生活困難的百姓。他自己則親自下田耕種，夫人也親自織布，給百姓們做榜樣。這樣一年年過去，越國的實力不斷增強，只差一個合適的機會，勾踐就可以進攻吳國了。

幾年之後，機會來了。夫差不顧伍子胥的勸說去攻打齊國，還真打贏了，他很得意，伍子胥卻又給他潑冷水：「您不要高興得太早，吳國要是一心北上，越國早晚會趁機從背後偷襲。」這讓夫差非常掃興。後來君臣倆又鬧了幾次類似的矛盾，再加上伯嚭的煽風點火，夫差終於受不了伍子胥了，把自己的寶劍賜給他，逼他自盡。

伍子胥也早已料到自己的結局，可他既不害怕也不傷心，大笑着說：「我曾經幫你父親闔閭稱霸，又讓你登上王位。當初你要把吳國分我一半，我都不要，如今你反而要殺我。行啊，我答應你！」臨死前，他還留下遺言：「等我死了，請挖下我的眼珠，掛到都城的東門上，我要親眼看着越軍入城！」

伍子胥死了，夫差也沒把他的話放在心上，繼續北上擴張。他調集了國中大半兵力，在黃池（今河南省新鄉市封丘縣）大會諸侯，國內只留下一羣老弱殘兵。勾踐這些年一直在觀察吳國的一舉一動，知道吳國的動向後，馬上發兵進攻，果然把吳國守軍殺得大敗。

遠在中原的夫差得知消息後，心裏很震驚。為了不引起恐慌，他表面上仍然裝作甚麼事都沒有，繼續和其他諸侯會盟。會盟一結束，他就趕緊領兵回吳國，總算擊退了越軍。可吳軍因為和齊、晉等國打了好幾年仗，兵力消耗了很多，已經沒有當年那麼強大了。幾年後，越國又一次打過來，夫差再也抵擋不住，被圍困起來，這次輪到他向勾踐求和了。

勾踐本來也想放過夫差，但范蠡堅決反對：「大王您前後辛苦了

二十二年，不就是為了滅亡吳國嗎？」勾踐覺得有理，拒絕了夫差的求和。夫差萬念俱灰，他覺得自己到了陰間沒臉見伍子胥，於是讓手下蒙起自己的臉，自盡而死。奸臣伯嚭也沒有好下場，被勾踐處死了。

勾踐佔領吳國後，召開了一場諸侯大會，向周天子進獻貢品，周天子也賞賜了他，因此有人把越王勾踐也列進了「春秋五霸」。

越王勾踐劍

　　1965 年，考古學家在湖北省荊州市望山楚墓中發現了一把寶劍。寶劍出土時放在一個黑色漆木劍鞘內，拔出後寒光奪目。這把寶劍全長 55.7 厘米，劍身佈滿黑色菱形花紋，劍格（劍身與劍柄間的護手）正面鑲嵌藍色琉璃，背面鑲嵌綠松石。劍身上的銘文表明，這把劍的主人正是我們故事中的勾踐。

　　這把劍雖在地下埋藏了二千四百多年，但卻沒有一點鏽跡，依舊鋒利無比，二十餘層紙一劃即破，由此可以看出當時鑄劍技術的高超。

三家分晉

戰國的大幕開啟 ·

　　大家有沒有去過山西？山西省的簡稱「晉」，就是得名於春秋時期的晉國，那時候山西是晉國的地盤。不過，你可能不知道山西省還有一個稱呼叫「三晉」。你大概會奇怪，怎麼晉國還有三個？這就要從下面的故事講起了。

　　春秋時期，晉國是天下各諸侯國當中的強國，地盤也比較大。可是到了春秋末期，晉國的國君也和東周的天子一樣成了擺設，大權掌握在了四家貴族手中，他們分別是智氏、魏氏、韓氏、趙氏。

　　這四家貴族中，要數智氏的實力最強。智氏的掌權人智伯一心想滅掉其他三家，再廢掉晉君，獨霸整個晉國。可他也知道，其他三家要是聯合起來，自己肯定抵擋不住。為了試探他們的態度，智伯向三家分別派出使者，以國君的名義要求他們都割讓一部分土地出來，其實是想自己白佔他們一大片土地。

　　三家都很清楚智伯的打算，韓康子、魏桓子一開始都想拒絕，但家臣都勸他們忍一忍。韓康子的家臣說：智伯這人又陰險又狠毒，要是不給他土地，他肯定會來打我們。但他很貪心，肯定也向

別家伸手了，我們別
出這個頭，不如等別
家拒絕他，他出兵的
時候，我們跟着撈點
好處。魏桓子的家臣分析
說：智伯得到土地，一定會更
加狂妄輕敵，那時候失去土地的
各家聯合起來對付他，肯定能打贏。

就這樣，韓、魏兩家都割讓了土地，只有趙襄子不肯。趙襄子說：「土地是我們祖先的產業，哪能隨意送給別人？」智伯聽說趙襄子不肯割讓土地，馬上藉口趙氏違抗國君的命令，聯合韓、魏兩家一起圍攻趙氏。

這時，大家肯定都會為趙氏捏一把汗，智氏本來就實力最強，又有韓、魏兩家助陣，趙氏哪擋得住？

不過，趙氏也有自己的本錢，那就是他們的都城晉陽城。當年趙氏建這座城的時候，就把它當作大本營，早就在這裏準備了充足的物資。城裏宮殿的柱子都是銅柱，熔化後可以打造兵器，牆裏也密密麻麻藏滿了製作箭桿的木料。

趙襄子下令取出這些物資，全城軍民嚴陣以待。智、韓、魏聯軍圍困了很久，還是拿晉陽城沒辦法。後來智伯發現晉陽地勢很低，下令掘開河道，水灌晉陽。這下子，整座晉陽城都泡在水裏，城牆只剩一點沒被淹沒，百姓家裏的灶台上都有青蛙跳來跳去，做飯時只能把鍋吊起來燒。城牆眼看着就要被水泡塌了，糧食也都被泡爛了，百姓們沒飯吃，就要撐不住了。

智伯覺得很快就要勝利了，於是特意叫上魏桓子、韓康子一起去看晉陽被淹的景象。他得意揚揚地感慨道：「我今天才知道水能滅亡一個國家啊！」聽到這句話，魏桓子用胳膊肘碰了一下韓康子，韓康子也悄悄踩了魏桓子一腳，兩人都明白對方的心思：魏氏的都城安邑（今山西省夏縣）附近有汾（fén，粵音焚）水，韓氏的都城平陽（今山西省臨汾市）附近有絳（jiàng，粵音鋼）水，智伯今天可以用晉水灌晉陽，明天也就可以用汾水灌安邑、絳水灌平陽。他們本來就對智伯有顧忌，如今聽到這話，更加警惕了。

兩人搞的小動作智伯沒看到，智氏的一位家臣卻看到了，私下提醒智伯：「晉陽眼看就要拿下了，他倆卻一點都不高興，反而顯得很憂愁，肯定想反叛。」智伯於是就找魏桓子、韓康子來對質，兩人堅決否認：「我們馬上就能滅掉趙氏，平分他們的土地，我們怎麼會放着現成的好處不要，來和您作對呢？」智伯想想也是，便不再提防了。

這時候，趙襄子快要山窮水盡了，他決定冒一次險，於是派出家臣張孟談，趁夜划着小船出晉陽城，來見魏桓子、韓康子，勸他們說：「如今智伯率領你們兩家來攻打趙氏，可是等趙氏滅亡，接下來肯定就輪到你們

了。」韓、魏兩家也很清楚這點，只是一直不敢反抗智氏，他們一見趙氏的使者都很驚訝，也都被說得動心了，連夜就和張孟談商量好了對策。

這天夜裏，智伯正在呼呼大睡，忽然覺得渾身又濕又冷，外面還很吵鬧。他睜眼一看，帳篷裏進水了；再出去一看，頓時傻了眼：自己的整個軍營都被水淹沒了。原來韓、魏兩家趁夜掘開了堤壩，反過來把水灌到了智氏的軍營裏，士兵們毫無防備，很多都被淹死了。韓、魏兩家又趁亂猛攻，趙氏也集中起軍隊從晉陽殺出來，共同殲滅了智氏，殺死了智伯。

晉陽之戰過後，趙、魏、韓三家平分了智氏的土地，晉國的大權完全落到了他們手中。又過了幾十年，三家同時得到周天子的冊封，正式成為諸侯。由於他們都出自晉國，所以也合稱「三晉」。

從此，春秋時代結束，戰國時代開始了。

戰國這個稱呼是怎麼來的？

從「三家分晉」到秦國統一的這二百多年，各國之間的競爭遠比春秋時期激烈，戰爭也更加頻繁和殘酷。後來到了西漢時期，文學家劉向編輯了一部名為《戰國策》的國別體史書，記錄了那個時代許多謀士的治國理念和外交策略，成為研究那個時代歷史的重要典籍。後人於是用「戰國」來稱呼那個時代。

戰國時代的開端正是「三家分晉」，這個時代最主要的國家有七個：齊、楚、燕、韓、趙、魏、秦，合稱為「戰國七雄」。

當時的世界

公元前 404 年，歐洲爆發的第二次「伯羅奔尼撒戰爭」結束，交戰雙方以雅典和斯巴達為主，但幾乎所有古希臘的城邦都參與了進來，最後斯巴達擊敗了雅典，但整個古希臘都受到了戰爭的影響，開始由盛轉衰。公元前 403 年，「三家分晉」。

吳起變法

悲情的變法家 ·····································

不管是讀故事還是讀歷史，我們常常會給其中的人和事分出個是非對錯來。可是現實往往很複雜，有的人是沒法被簡單地分成好人或壞人的，尤其是一些歷史人物。有

些人也許當時名聲很差，可後來人們才發現，其實他們推動過歷史發展。戰國名將吳起就是這樣一個人。

　　吳起是衞國人，他從小就渴望建功立業，出人頭地。但衞國很弱小，吳起知道留在這裏沒前途，於是離開家鄉出去求學。第一次求學，他甚麼也沒學到，反而花光了家裏的錢，回到家後遭到鄉鄰們的嘲笑。吳起不服輸，再次離開家，臨走前和母親訣別，他咬着自己的手臂狠狠發誓：「吳起要是當不上卿相，就不回衞國。」

　　這次，吳起投到了儒家大師曾申門下學習。沒過多久，吳起的母親去世了，按照當時的禮節，子女必須在家服喪三年，這三年裏甚麼事都不能做，也不能喝酒吃肉，不能娛樂。大家可以想想，要是讓自己整整三年都這樣，誰都受不了吧？可那時的風俗就這麼不近人情。

　　要是一般人也許就忍了，可吳起個性很強，他覺得這樣太浪費時間，會影響自己建功立業：有那三年的工夫，自己早就做成大事了，所以他不想回去為母親服喪。這下可把老師曾申給惹惱了，儒家格外強調孝道，曾申覺得，吳起這樣的學生簡直是禽獸，不配繼續跟着自己學習。當即宣佈把吳起逐出師門，不再認這個學生。

　　被逐出師門後，吳起覺得儒家太不切實際，從此開始改學法家和兵家學說。後來他來到魯國，因為很有能力，引起了魯君的注意。這時齊國來攻打魯國，魯君很想重用他，偏偏有人說吳起的壞話：「吳起的妻子就是齊國人，您要是讓他領兵，他肯定向着齊國，我們魯國會吃敗仗的。」魯君聽了又猶豫起來。

吳起聽說這事後氣壞了：受人之託，忠人之事。我既然給魯國當大將，當然就要幫魯國打勝仗，和我老婆是不是齊國人有甚麼關係？史書上說，為了向魯君表示自己的忠心，他甚至狠心殺了妻子，從此背負起「殺妻求將」的惡名。不過歷史學家普遍認為，這段記載很可能是假的，只是別人為了抹黑吳起而編造的。但不管真相怎樣，吳起在魯國沒得到重用，他覺得魯君是個大糊塗蛋，自己在這裏繼續待下去也是浪費時間，又去到了魏國。

　　戰國前期，魏文侯最早任用李悝（kuī，粵音灰）進行變法，又提拔了樂羊、西門豹等許多人才，使得魏國迅速成為當時的強國。吳起到來後，魏文侯馬上意識到他是難得的人才，任命他為將軍。

　　好不容易得到重用，又是在這麼強大的國家，吳起格外珍惜這次機會。沒過多久，吳起就率兵攻打秦國，接連佔領了秦國五座城池。

　　吳起雖然身為大將，但在軍中吃穿卻和最普通的士兵一樣，有個士兵生了毒瘡，吳起甚至替他吸吮膿液。士兵們都感動壞了，那個生了毒瘡的士兵的母親聽說後卻大哭起來。別人問她為甚麼哭，這位母親回答：「當年，吳將軍就替我丈夫吸吮毒瘡，我丈夫為了報答這份恩情，在戰場上表現得很勇猛，最後戰死沙場。如今吳將軍又給我兒子吸吮毒瘡，我擔心他也會戰死，所以才哭。」

　　由於吳起善於用兵，又非常愛護士兵，魏軍的士氣和戰鬥力都非常強。吳起統領着魏軍和其他諸侯國作戰，連打了七十六場大戰，有四十六場都是大勝，吳起也成為戰國時代的第一位名將。後人經常把他和兵家鼻祖孫武相提並論，稱他們為「孫吳」。

　　可惜好景不長。魏文侯去世了，繼任的魏武侯為了籠絡吳起，想把公主嫁給他。丞相公叔痤（cuó，粵音鋤）擔心吳起娶了公主會更有權勢，威脅到自己的地位，結果想出一個壞主意。這天，他請吳起來家裏做客，還想辦法把公主也請來，故意激怒公主，讓她對自己大發雷霆。吳起看到公主這樣刁蠻，很不喜歡她，就向魏武侯謝絕了這椿婚事。公叔痤又趁機在中間挑撥，魏武侯很快對吳起有了疑心。

　　吳起也察覺到了魏武侯的冷淡，知道自己在魏國的前途沒有了，只好又離開魏國。走之前，他最後一次望向河西地區（今山西、陝西兩省間

黃河南段以西），這麼多年自己一直在這裏奮鬥，他滿心委屈和悲憤：天下那麼大，卻沒有自己的容身之處！忍不住落下了眼淚。手下問他為甚麼哭，吳起說：「如今國君不再信任我，這片土地很快就要落到秦國手裏了。」許多年後，秦國憑藉商鞅變法強大起來，果然從魏國手中奪走了河西。

最後，吳起來到了楚國。楚悼王也早就知道吳起的才幹，馬上任命他為令尹（楚國高官，相當於其他國家的丞相），在楚國推行變法。吳起又看到了新的希望。他一上任就大刀闊斧地裁汰那些無能的官吏，又削減了貴族們的封地和俸祿，把節省下來的經費都投入軍隊，自己又親自領着楚軍與各國作戰，也是連戰連捷。

吳起在楚國的變法取得了成效，那些利益受損害的守舊貴族卻對他恨得牙根癢癢，只是因為楚悼王堅決支持吳起，他們才不敢輕舉妄動。幾年之後，楚悼王去世了，他們立刻發動叛亂，帶兵去殺吳起。

吳起其實也知道自己必死無疑，可他並不害怕。生死關頭，他想出了一條同歸於盡的計策。他闖入靈堂，猛撲到楚悼王的屍體上，叛亂的貴族萬箭齊發，射死了吳起，也射中了楚悼王的屍體。

大家大概不明白吳起為甚麼這樣做：他不還是死了嗎？那些害死吳起的貴族也不明白。其實他們都闖下了大禍，箭射楚王的屍體是重罪。新繼位的楚肅王早就對這些貴族不滿，這下剛好拿這事當藉口，判那些貴族們死刑。貴族們這才明白過來，一個個哭天搶地，可再後悔也沒用了，一個個都被砍了腦袋。吳起的變法失敗了，可他還是用這樣的方式，為自己報了仇。

知識加油站 軍事

魏國軍隊有多強？

魏國的精銳步兵叫「魏武卒」，能當上魏武卒的士兵體力都很強，每個人都要穿三重鎧甲，能拉開 12 石強度的弓弩。每人還要配備 50 支箭，手持長戈，再背着三天的糧食，一天能跑 100 里路。這支軍隊就是魏文侯時期由吳起組建的。

商鞅變法

使秦國強大的關鍵先生

　　大家還記得，前面講吳起的時候說過，很多歷史人物是沒法用好人、壞人來簡單劃分的嗎？吳起是這樣，這節要講的這個人也是這樣。他人緣很差，好多人都恨他；可他能力卻很強，做成了誰也做不成的大事。這個人就是秦國的商鞅。

　　戰國前期，魏國通過變法最先強大起來，它西邊的鄰居秦國卻一直處在低谷，到秦孝公時，秦國面對魏國連戰連敗，被奪走了許多城池、土地。其他諸侯國也都看不起秦國，會盟時都不叫它來。

這讓秦孝公感到非常恥辱。他決心振興秦國，於是向天下發佈了一道求賢令，上面說，任何人，只要有奇計讓秦國強大起來，自己願意讓他當高官，甚至和他共享秦國。

一個年輕人看到求賢令，很感興趣，他就是商鞅。因是是衛國人，所以那時他還叫衛鞅。衛鞅喜歡法家學說，之前是魏國丞相公叔痤家的高級家臣，公叔痤很器重他。後來公叔痤得了重病，快要不行了，想把衛鞅推薦給魏惠王，讓他接替自己當丞相。魏惠王卻根本不信衛鞅有這個本領，以為公叔痤老糊塗了。公叔痤看魏惠王不信，又要求他乾脆殺掉衛鞅以絕後患。魏惠王更是聽得莫名其妙，隨口答應着走了。

魏惠王一走，公叔痤趕緊叫來衛鞅，告訴他：「我本來向大王推薦你當丞相，大王不聽，我只好請他殺掉你。你快跑吧。勸大王殺你是我作為魏國丞相的責任，勸你跑是出於我和你的私人交情。」衛鞅聽了卻並不慌張：「大王既然不聽您的話任用我，又怎麼能聽您的話殺我呢？」公叔痤死後，他才收拾行裝前往秦國，魏惠王果然早就把他忘到腦後了。

衛鞅來到秦國，得到機會被秦孝公召見。前幾次見面，衛鞅故意講了好多不切實際的大道理，秦孝公聽得都打瞌睡了。最後一次談話，衛鞅終於講起了富國強兵的「霸道」，秦孝公一下精神起來，和衛鞅連談了好幾天，最後下定了在秦國變法的決心，還任命衛鞅為左庶長，全權負責變法。

衛鞅知道，變法能不能成功，關鍵在於百姓是不是支持，於是他想了一個辦法。這天，秦國都城的百姓們發現南城門外豎起了一根三丈長的木頭，他們覺得很新鮮，都跑過去圍觀。衛鞅看百姓們聚集得人山人海，就當眾宣佈：誰能把這根木頭搬到北門，賞十金！大家聽了都很吃驚，十金在當時是一筆巨款，搬木頭卻非常簡單，任何人都能做。他們都不明白衛鞅葫蘆裏賣的是甚麼藥，沒人敢動。衛鞅看沒人站出來，又宣佈把賞金提高到五十金，大家更驚訝了。

最後，終於有一個人禁不住誘惑，壯着膽子把木頭扛到了北門。衛鞅二話不說，當場給了他全部獎金。這下可羣情洶湧了，看着那些黃澄澄的金子，所有人都眼紅了，到處傳播這件事，一傳十，十傳百，很快全國都知道了這件事，百姓們也都相信官府說到做到，無論說甚麼都會言出必行。衛鞅趁機推行了第一批法令，百姓們都很擁護。這就是「徙木立信」的故事。

變法開始後，秦國很多貴族的利益都受到了損害，他們都非常恨衛鞅。剛巧這時候太子犯了法，貴族們都幸災樂禍，等着看衛鞅怎麼處理這事。大家也許會想，既然是太子犯了法，那就處罰太子唄！其實沒那麼簡單。太子以後要當國君，在當時是沒法處罰的，而且真要處罰他，衛鞅也肯定會得罪他，以後等太子即位，衛鞅絕不會有好結果。

可要是不處罰太子呢？上到貴族，下到百姓，都不會再把新法放在眼裏，相當於變法提前失敗。這就是擺在衛鞅面前的棘手難題。最後，衛鞅稍微折中了一下，處罰了太子的兩位老師，給他們一個臉上刺字，一個割掉鼻子。這是因為太子惹事，和他們平時疏於教導有關，用現在的話說，這叫「連帶責任」。

處罰兩位老師後，衛鞅幾乎得罪了整個秦國的貴族。他知道他們恨自己，但還是繼續堅持變法。新法推行十年後，秦國百姓家家戶戶都富裕起來，國內治安良好，沒有小偷強盜，也沒有打架鬥毆的，百姓們爭相從軍，都想要獲得爵位。這場變法成了中國歷史上最成功的變法。

後來衛鞅還親自領兵，用哄騙的手段俘虜了魏國的大將公子卬（áng，粵音昂），從魏國手中收復了河西地帶，又把秦國都城遷到咸陽。

因為這些功績，秦孝公把衞鞅封到秦國於商（今陝西省商洛市丹鳳縣），從此人們改叫他商鞅。

商鞅的聲望和權勢都達到了頂峯，可是不久，秦孝公就病故了。被商鞅懲治過的太子即位為國君，他就是秦惠文王。太子的老師公子虔——就是之前被商鞅割去鼻子的那位，他看到了報仇的機會，和貴族們串通一氣，誣告商鞅謀反。秦惠文王便順水推舟，判處商鞅車裂，也就是五馬分屍。

商鞅雖然死了，秦惠文王卻也看到新法對秦國的改變，他並沒有廢除這些法令，反而把它們鞏固下來。之後的幾代秦王也繼續這樣做，秦國從此越來越強大，傳到秦始皇這一代時，終於徹底消滅六國，統一了天下。

知識加油站 制度

商鞅變法都變了甚麼？

「商鞅變法」的實質是加強君權，打擊貴族，提高百姓的生產力。他鼓勵男子多耕種、女子多紡織，把貴族的土地都收歸國有，分配給百姓；把百姓都編入「什伍」，登記戶籍，禁止打架鬥毆，如果發現犯罪行為卻幫着隱瞞，按同案論罪，這樣是為了預防犯罪。商鞅還推行二十級軍功爵位制度：戰場殺敵、獲得敵人首級可以得到爵位，社會地位能有顯著提升。

▲「商鞅變法」統一全國度量衡後，商鞅方升成為了全國量度一升的標準用具。

當時的世界

公元前356年，「商鞅變法」。當時的歐洲馬其頓王國是國王腓力二世在位，但他在這一年被暗殺身亡。他是著名的亞歷山大大帝的父親，始創了著名的「馬其頓方陣」，還建立了強大的海軍。在位期間，他確立了馬其頓對古希臘諸城邦的控制。

鄒忌諷齊王納諫

「最帥的人是誰？」

大家是不是特別喜歡被人誇獎？可如果這誇獎不是實話實說，而是睜着眼睛說瞎話，那可就壞了。我們要是每天都聽這種誇獎，時間長了就容易驕傲自滿，認不清自己的真實水平。齊國大臣鄒忌就陷入了這樣的誇讚中。

鄒忌是齊國的丞相，身高足有八尺，長得眉清目秀、脣紅齒白，非常帥。一天早晨他準備去上朝，對着鏡子穿戴打扮，越看自己越陶醉，沒完沒了地在鏡子前擺造型，還問妻子：「你看我和城北的徐公比，哪個更帥？」城北徐公是齊國當時最有名的美男子，鄒忌也沒指望自己真能比他帥，只是隨口一問，沒想到妻子特別痛快地回答：「當然是你帥啦，徐公哪比得上你呢！」

鄒忌樂壞了，可心裏還是有些半信半疑，又去問自己的小妾：「你覺得我和城北徐公哪個更帥？」他的小妾毫不猶豫地答道：「您更帥！徐公哪比得上您？」上朝回來後，家裏來了客人，鄒忌和他聊着聊着，心裏怪癢癢的，又忍不住問：「您看我和徐公哪個更帥？」客人馬上回答說：「徐公比不上您。」鄒忌這回徹底放下心來，覺得自己正式贏得「齊國第一美男子」的稱號了。

剛巧沒過幾天，城北徐公來鄒忌家做客。鄒忌一邊和他聊着天，一邊仔細觀察，越看越覺得還是人家更帥。徐公走後，他又回過頭來照鏡子，這下更確定自己就是沒人家帥。

　　大家看到這裏是不是覺得奇怪，既然確實是徐公更
帥，為甚麼鄒忌的妻子、妾、客人都說鄒忌更帥呢？鄒忌
也覺得很奇怪。這天晚上，他躺在牀上怎麼也睡不着，老
是想着這件事，最後終於想明白了。

　　第二天一早，鄒忌趕緊進宮去見齊威王，把這件事
告訴了他。齊威王覺得很有趣：「你明明沒徐公帥，為甚
麼他們都一口咬定你更帥呢？」鄒忌回答說：「我的妻子
說我帥，是因為她偏愛我；妾說我帥，是因為怕我會生
氣；客人說我帥，是因為有事求我。」

他緊接着又説：「我尚且是這樣，更別提大王您了。如今齊國那麼大，大王那麼有權勢，宮裏的后妃沒有不偏愛大王的，朝中的大臣沒有不怕大王的，齊國上下沒有不有求於大王的。可見，大王您受的蒙蔽，可比我還要深啊！」

齊威王聽到這裏才明白過來，鄒忌繞了一大圈，原來是為了提醒自己，趕緊稱讚：「你説得對啊！」於是發佈命令：「全國上下無論是誰，只要能當面説出我的過失，給上等獎勵；能在書信中勸諫我的，給中等獎勵；能在公開場合批評朝政，讓我聽到的，給下等獎勵。」

這道命令一公佈，整個齊國都很興奮，每天都有很多大臣來進言，齊國宮廷裏熱熱鬧鬧，好像市集一樣。過了幾個月，來進言的人慢慢少了。一年之後，大家就算想再給齊威王挑刺，也沒甚麼可説的了。

齊威王還在齊國變法，打擊了很多腐敗無能、欺上瞞下的貪官污吏。有一段時間，他身邊很多隨從都紛紛説即墨大夫怎麼怎麼不好，阿（ē，粵音柯）城大夫怎麼怎麼能幹。齊威王不動聲色，只是命親信去進行了一番暗訪。等親信回來報告暗訪結果後，齊威王把即墨大夫、阿城大夫都叫了過來。

齊威王先對即墨大夫説：「自從你治理即墨以來，我每天都能聽到好多人説你的壞話。可是我派人到即墨視察後發現，你開墾了很多荒田，百姓們生活富足，政務處理得也非常妥當。只是因為你為官廉潔，不肯賄賂我的左右，他們才紛紛説你的壞話。」説完，賜給即墨大夫一萬戶的封地。

接着，齊威王又對阿城大夫説：「自從你治理阿城以來，我的左右每天都沒完沒了地説你的好話。可我派人到阿城視察後發現，田地荒廢、百姓貧苦，就連別國攻打過來你都不管，只知道用財物賄賂我的左右，讓他們來誇你。你這樣的貪官，我留着做甚麼？」當場下令處死了阿城大夫。

後來有一次，齊威王與魏惠王在郊外一起打獵，兩個人聊天。魏惠王問：「你們國家有寶物嗎？」齊威王搖搖頭説：「沒有。」魏惠王很得意，立刻比比劃劃炫耀起來：「像我們魏國，雖然國家不大，但也有十顆夜明珠，每顆都直徑一寸，能照亮前後各十二輛車呢！」説完他又反問：「齊

國這樣的大國，怎麼能沒有寶物呢？」

齊威王一聽就笑了：「我們國家確實沒有這種寶物，我心目中的寶物是人才。我有個大臣叫檀子，派他鎮守南城，楚人就不敢來進攻了，泗水周圍的十二國諸侯都來朝拜；我有個大臣叫盼子，派他鎮守高唐，趙人就不敢到黃河裏捕魚了；我有個大臣叫黔夫，派他鎮守徐州，燕人就朝着徐州的北門祭祀，趙人就朝着徐州的西門祭祀，求神靈保佑不受齊國進攻，搬家去追隨他的有七千多家；我有個大臣叫種首，派他防備盜賊，結果就道不拾遺。這四位大臣能光照千里，豈只是十二輛車呢！」

魏惠王聽了齊威王的話，覺得人家的回答比自己有見識多了，頓時通紅了臉，沒好意思再開口。

經過齊威王多年的勵精圖治，齊國逐漸變得強大起來，齊威王也成為戰國時期有名的明君。

知識
加油站 事件

這個齊國不是原來的齊國

春秋時期的齊國國君是姜太公的後裔，所以這個齊國也被稱為「姜齊」。到了春秋末期，齊國貴族田氏逐漸把持了朝政，廢黜了原來的國君，自己奪取了君位。從此齊國雖然國號沒變，還叫齊國，但國君已經變成田氏了。歷史上這一事件稱為「田氏代齊」，這個新齊國也被稱為「田齊」。我們故事中的齊威王就是田齊很有作為的一位國君。

孫龐鬥智

師兄弟間的大亂鬥 · · · · · · · · · · · · · · · · · ·

　　大家都有同學，同學之間的友誼往往會成為一個人一生中非常親密的關係。可如果同學之間結了仇，會怎麼樣呢？戰國初期，龐涓、孫臏（bìn，粵音鬢）這對師兄弟就鬧得不可開交。我們可千萬不要學他們。

　　孫臏是我們前面說過的孫武的後代，曾經和龐涓一起學習兵法。龐涓知道師弟孫臏能力比自己強太多了，所以表面上雖然對孫臏很熱情，心裏卻一直提防着他。

　　龐涓學成後，去了強大的魏國，魏惠王封他為將軍。龐涓一時間很得意，可是想到孫臏又非常擔心，因為只要孫臏還活着，自己就不是天下第一名將。

　　左思右想之後，龐涓定下一條毒計：先是邀請孫臏來魏國當將軍，之後又給孫臏編造了一個罪名，趁機砍去了他的雙腳。孫臏名字中的「臏」字，正是指這種砍腳的「臏刑」。這樣一來，孫臏再也沒法領兵了。

　　大家應該能想到孫臏有多痛苦，他甚至想到過死。正巧這時候，齊國派使者來魏國，孫臏這才重新燃起求生的希望。他找機會和使者私下裏見了面，交談一番之後，使者發現他是個極為難得的人才，於是偷偷把他帶回齊國，住在齊國上將軍田忌那裏。

　　田忌平時喜歡和其他大臣賭馬，他們把馬匹按速度分成上、中、下三等，每次賭注都下得很大。可是田忌的馬無論哪一等都比別人的馬慢上那麼一點，所以每次都輸。

　　如果你是田忌，能想出甚麼好辦法嗎？大家也許會想，可以另外再買幾匹好馬啊。然而買好馬是要花大價錢的。這時，孫臏給田忌出了個主意，讓他一分錢不花，就能把錢贏回來。

　　孫臏讓田忌把三匹馬的出場順序換了一下：第一場用自己的下等馬對別人的上等馬，第二場用自己的上等馬對別人的中等馬，第三場用自己的

　　中等馬對別人的下等馬。這樣一來，田忌的下等馬雖然肯定跑不
過別人的上等馬，可他的上等馬比別人的中等馬快，中等馬也比其
他下等馬快。田忌雖然輸了第一場，卻贏了後兩場，總比分二比一，還
是贏了。大家看看，就是這麼簡單的法子，別人可能想不到，孫臏卻想到
了。這次獲勝也讓田忌對他另眼相看，並把他推薦給了齊威王。

　　孫臏在齊國安頓了下來，可他卻始終沒忘記自己的冤屈，一直在等機
會找龐涓報仇。一次，龐涓帶領魏軍攻打趙國，趙國向齊國求救。齊威王
便任命田忌為將軍，孫臏為軍師，讓他們去救援趙國。孫臏知道，報仇的
機會來了。

　　田忌想直接領軍前往趙國，孫臏勸住了他：「現在魏國正和趙國打得
難解難分，國內肯定空虛，我們不如趁機直接去打魏國國都大梁，龐涓

一定會回來救援，我們再在路上設下埋伏，這樣既幫趙國解了圍，更可以輕鬆打敗魏軍。」田忌按照孫臏的主意做了，龐涓果然心急如焚地撤軍回魏國，路過桂陵（今河南省長垣市）時一不小心中了齊軍的埋伏，損失慘重。這就是「圍魏救趙」的故事。

龐涓這才知道，孫臏原來還活着，對他更恨之入骨了。過了幾年，龐涓率兵攻打韓國，韓國也向齊國求救，齊威王還是派出了田忌、孫臏。這回孫臏給田忌出的主意和當年一模一樣，仍然是去進攻大梁，逼龐涓撤軍，只不過又添了一樣：孫臏讓齊軍每天生火做飯時，挖的灶洞數要越來越少。田忌聽了很納悶，可他知道孫臏神機妙算，還是按照他說的做了。

龐涓這邊接到齊軍進攻大梁的消息，這次他早有準備，馬上下令放棄攻韓，撤回魏國，歸途中還做了各種防備。他以為，上次「桂陵之戰」是他大意了，一不小心讓孫臏佔了便宜，不信孫臏這次還能用同樣的方式再打敗自己一次。

很快，龐涓就發現了齊軍挖的灶洞。他心很細，特意讓手下清點這些灶洞的數量，這樣可以推算出齊軍的兵力。結果他發現，齊軍挖的灶洞越來越少：第一天，他們留下的灶洞夠十萬人用，第二天減少為五萬人，第三天更是只剩三萬人。龐涓這下放心了，以為齊軍怕了自己，士兵們都紛紛逃跑了，於是下令把走得慢的步兵留在後面，自己率領速度快的騎兵加緊追趕孫臏。龐涓不知道，孫臏故意把灶洞越挖越少，就是為了迷惑他。

龐涓連續追擊了幾天，這天黃昏趕到了一個叫馬陵道（今河南范縣西南）的地方。前面的道路越走越狹窄，成了一道峽谷。這時太陽已經下山，天色越來越暗，一陣晚風吹過，峽谷中的草木都在風中搖擺呼嘯，四周又陰森又淒涼。龐涓心裏有了不祥的預感，可現在已經沒法後退，只能硬着頭皮繼續走下去。

忽然間，前面的騎兵都停了下來，有士兵回來報告：道路被許多亂石和大木頭堵住了，旁邊還有一棵大樹，樹幹被剝去了皮。龐涓更覺得奇怪，他親自舉起火把湊上前，才發現上面還刻着字：龐涓死於此樹下。

龐涓剛看到這裏，道路兩旁就萬箭齊發，魏軍沒處可逃，個個叫苦連天，龐涓也中了好幾箭。他這才明白，自己又中了孫臏的計。

原來，孫臏早就在馬陵道兩旁埋伏了一萬名弩（nǔ，粵音努）手，他掐算着時間，估計龐涓趕到這裏已經是黃昏，看不清楚，於是故意提前在大樹上寫下這樣一行字，吸引龐涓上前來看。他特意交代弩手說：一旦看見火光，就向那裏射箭。果然，一切都在他的預料中。

龐涓連中好幾箭，知道自己肯定逃不掉了，又不甘心被孫臏俘虜，只好拔劍自殺，死前還憤恨地說：「到底讓孫臏成了名！」

孫臏就這樣報了仇。後來他也和祖先孫武一樣成了大軍事家，還寫了一部叫《孫臏兵法》的兵書，流傳至今。

知識加油站 軍事

弩在戰爭中的普及

　　根據《吳越春秋》記載，弩是在弓箭的基礎上改良而成的，它由弩臂、弩弓和弩機三個部件組成。因為有弩機，可以延遲發射，更加便於弩手瞄準目標，提高射擊的精準度。弩應用在戰場上最具代表性的事件，就是「馬陵之戰」。

當時的世界

　　公元前 341 年，「馬陵之戰」。當時在西方，波斯國王阿爾塔薛西斯三世率軍遠征埃及，滅了埃及第三十王朝，再次確立了波斯人在埃及的統治。

胡服騎射

靠換衣服壯大的國家 ....

　　換一件衣服就能壯大一個國家，這樣的故事你相信嗎？
可它真的在歷史上出現過，這就是戰國時期趙武靈王「胡
服騎射」的故事。

　　趙武靈王剛即位的時候，趙國實
力並不強。魏、楚、秦、燕、
齊五國國君以參加趙武

靈王父親葬禮的名義，分別帶着上萬精兵來到趙國，想趁機撈點好處。趙武靈王忍辱負重和他們周旋了好久，總算讓他們都退了兵。

但是挑戰才剛剛開始。趙國有「四戰之國」的稱號，指的是趙國國土周圍都是強敵：東面有東胡，西面有林胡、樓煩、秦國、韓國，北面有燕國，國土中間還插進來一個中山國。趙國光是防禦這些強敵入侵，就得花很多兵力，哪還有多餘的力量爭霸呢？

這種情況使得趙武靈王非常發愁，他特別想振興趙國，於是開始想辦法。

前面講過，春秋時期，周王室的實力和威望每況愈下。到了戰國時期，各國國君更不把周天子放在眼裏了，紛紛稱王，沒有稱王的一般也都是「公」。不過趙武靈王的「王」是在他死後追封的，他當時並沒有稱王，只是稱「侯」，這在當時的諸侯中很少見。他還故意把自己的稱號又降了一等，讓國人稱自己為「君」。當時只要有一塊土地，就可以叫君。趙武靈王這麼做，是真把趙國當成小國了。而且就在各國都急着搶地盤時，他即位整整十九年卻沒甚麼大舉動，因此各國也就更不把趙國當回事了。

但其實這十九年裏，趙武靈王並沒有閒着，而是一直在四處考察，尋找讓趙國變得強大的辦法。他到趙國西北部的邊疆時發現，林胡、樓煩等部族的胡人都穿着窄袖緊身的胡服，作戰也是以騎馬射箭為主，行動非常便捷靈活。中原的士兵卻習慣穿着寬袍大袖，駕駛着笨重的戰車，活動能力遠沒有胡人強。於是趙武靈王冒出一個想法：趙軍要是也能換上胡人的衣服，像胡人那樣作戰，戰鬥力肯定會增強好多。

他這個打算在朝中一公佈，大臣們全都大為震驚，紛紛表示反

對。大家可能沒法理解，不就是換件衣服嗎，怎麼這麼大反應？這是因為在當時，寬袍大袖代表着中原文化，中原的諸侯國比胡人的文化先進得多，所以大家一向很看不起胡人，覺得向他們學習無疑是自降身價，太丟人了。但是，任何人都有自己的長處，別人有比自己強的地方，就應該向人家學習。這個道理，趙國的很多大臣都不懂。

趙武靈王也猜到了大臣們的反應，因此早有準備。他第一個穿起胡服給大家做榜樣，又專門去見叔父公子成，他是反對穿胡服反對得最激烈的。趙武靈王勸他：「我們穿衣服、講禮儀都是為了方便做事，這些都可以根據實際情況來改變，不是永遠不能改的。如今要是穿胡服、習騎射，對國家大有好處。您卻拘泥於中原的習俗，寧可不在乎趙國打敗仗的恥辱，我真不希望是這樣。」

在趙武靈王的反覆勸說下，公子成終於被說服了。第二天上朝，公子成便穿上了趙武靈王賜給自己的胡服。隨後，趙武靈王又逐個說服了其他大臣，最後下令在全國實行「胡服騎射」改革。

改革實行了幾年，趙軍的戰鬥力有了很大提升，趙武靈王率領着趙軍騎兵，對中山國四戰四勝，最後滅掉了它；又降服了林胡、樓煩這兩大部族，使得林胡王向趙國獻出了戰馬，樓煩王也將許多族人交給趙國，用來補充趙國的軍隊。

這段時間，趙武靈王還打起了秦國的主意。他假扮成使者，親自到秦國試探虛實，甚至還進入咸陽宮，與秦昭王來了一次面對面。秦昭王當時並沒有察覺，只是覺得眼前這個使者談吐舉止很有氣派。等趙武靈王離去後，他越想越覺得這個人不一般，趕緊派人去追趕，可趙武靈王早就走了。秦昭王下令仔細調查，最後才知道那個使者就是趙武靈王。這讓秦國君臣都很吃驚，覺得這個趙國國君膽子真是太大了。

大家看到這裏，是不是覺得趙武靈王挺酷的？可是，趙武靈王這麼天馬行空，也給他後來的悲劇結局埋下了伏筆。

趙武靈王很寵愛小兒子趙何，於是廢黜了原來的太子趙章，甚至將王位傳給了趙何，自己當起了「太上王」。

後來，趙武靈王又覺得對不起趙章，打算把趙國一分為二，讓兩個兒子各自統治。幸好大臣們強烈反對，他才放棄了這個打算。可這卻激起了

趙章的不滿，他趁趙武靈王和趙何去沙丘宮（今河北省邢台市）的機會，發動了一場叛亂。

最終，趙何在公子成的幫助下平息了這場叛亂。可惜的是，趙武靈王卻在這場叛亂中被圍困在沙丘宮三個月，活活餓死了。

趙武靈王雖然結局悲慘，但他推行的改革卻使趙國成了一個強國。戰國後期的幾十年裏，趙國的實力僅次於秦國。

知識加油站 文化

中山國

　　上面的故事中提到了一個叫中山國的諸侯國。大家可別小看這個諸侯國，它當時是僅次於「戰國七雄」的一個強國，但史書上關於它的記載並不多。1974 年，考古學家發現了中山王墓，為我們揭開了中山國的面紗。

　　中山國位於今河北省石家莊市、保定市一帶，最初被稱為「鮮虞」，中山文公時（公元前 459—前 414 年）改稱中山。這座中山王墓的主人就是中山國強盛時期的統治者。從墓中出土了大量精美的文物，其中最著名的便是錯金銀四龍四鳳銅方案和十五連盞銅燈。

▲錯金銀四龍四鳳銅方案

當時的世界

　　公元前 305 年，古埃及的托勒密王朝開始了自己的統治。建立它的並不是埃及人，而是馬其頓王國分封在埃及的總督——托勒密。所以在這個王朝統治的時期，古埃及與古希臘的文化開始全面融合，大量古希臘學者也來到埃及，對古埃及的歷史、神話、技術等進行研究和記錄，如今我們看到的古埃及著作，大都是在這個時期由古希臘人記錄與撰寫的。公元前 295 年，趙武靈王去世。

孟嘗君狡兔三窟

這個門客當真不「白吃」

　　無論做甚麼工作，都要付出勞動才能有收穫，沒有天上掉餡餅的好事，大家都知道這個道理。可是戰國時期還真有一類人，住在權貴們的家裏，整天白吃白喝不用勞動，這就是「門客」。這是當時的一種社會風氣，權貴們都覺得，自己家裏養的門客越多，越說明自己有錢有勢，別人也就越尊敬自己。

　　這些養門客的人裏面，最有名的是齊國丞相孟嘗君，家裏號稱有三千門客，其中最有名的是一個叫馮諼（xuān，粵音喧）的人。馮諼家裏很窮，當初去投奔孟嘗君的時候，全部家當只有一把劍。孟嘗君面試時問他：「您有甚麼愛好嗎？」馮諼特別坦然地回答：「也沒甚麼愛好。」孟嘗君又問：「您有甚麼本事嗎？」馮諼回答說：「我甚麼都不會。」

　　大家肯定會想，這樣的人還要他做甚麼？可是孟嘗君卻想，先把這人收留下來，說不定以後能有適合他做的工作呢。他也不在乎多養個人，反正家裏有的是錢，所以便把馮諼留下了。

　　在孟嘗君家住了一陣子，馮諼待不住了，整天靠着柱子，像彈琴一樣彈自己那把破劍，還唱歌發牢騷：「劍呀我們回去吧，這裏吃飯沒有魚！」有人聽見了，報告給孟嘗君，孟嘗君覺得他老這麼發牢騷，傳出去顯得自己小氣，就吩咐說：「給他吃魚吧。」

　　馮諼老實了一陣子，又開始發牢騷了：「劍呀我們回去吧，這裏出門沒有車！」孟嘗君聽說了，又吩咐給他配車。再過一陣子，馮諼還是發牢騷：「劍呀我們回去吧，這裏沒錢供我養家！」大家聽了都覺得這個人太貪心，但孟嘗君還是吩咐給馮諼家裏寄錢。馮諼這才不發牢騷了。

　　一天，孟嘗君要派人去封地薛邑收債，馮諼自告奮勇要去，孟嘗君同意了。走之前，馮諼問：「我收完債後，用不用給您買點甚麼東西回來？」孟嘗君

隨口説了句：「您看我缺甚麼就買甚麼吧！」馮諼滿口答應着走了。

馮諼來到薛邑，先把所有欠債的百姓都叫來核對債券，有不少人還不起債，因此不敢來，馮諼特意強調説：不管還不還得起，都要來。百姓們只好忐忑不安地來了。馮諼當着大家的面，把賬目都核對清楚，之後假借孟嘗君的名義，一把火燒掉了所有的借債文書，免掉了所有人的債務，還殺牛備酒大擺宴席，款待所有人，這可把欠債的百姓們感激壞了。

大家是不是很吃驚？馮諼這是做甚麼呀，孟嘗君能同意嗎？一點沒錯，孟嘗君聽説了這事，氣得暴跳如雷。馮諼一回來，他劈頭就問：「你為甚麼這麼做？」馮諼卻不慌不忙地回答説：「走之前，您讓我給您買點自己缺的東西。我看您那麼有錢，其實甚麼都不缺，就缺仁義，所以給您買了仁義回來。」

孟嘗君沒聽明白，馮諼又解釋説：「您現在所有的也就是那塊小小的薛邑，那裏的百姓是您的子民，您不愛護他們，卻用商人的手段向他們放債，賺取利息，我覺得這樣特別不合適，所以假借您的名義燒毀債券，免除百姓們的債務。百姓非常感激您，這就是我給您買的『仁義』。」

孟嘗君聽到這裏一下愣住了，覺得馮諼説的好像也有道理，可他還是很生氣，最後只好板着臉説：「我知道了，您下去休息吧。」

後來，齊湣（mǐn，粵音敏）王擔心孟嘗君權力太大，罷免了他的丞相職務。孟嘗君的三千門客見他沒了權勢，很快都散去了，只剩馮諼還跟在他身邊。孟嘗君非常心寒，垂頭喪氣地回了封地薛邑。

離封地還有上百里，他就看到遠處人山人海，再走近一點，發現都是薛邑的百姓，扶老攜幼前來迎接他。原來他們都記着免除欠債的事，都把孟嘗君當成了大恩人。

孟嘗君又是驚訝又是感動，扭頭對馮諼説：「您為我買來的仁義，我今天才看到啊！」馮諼笑了笑：「狡猾的兔子得有三個窩才安全，如今您只有薛地這一處窩，我再為您找兩處窩。」這就是成語「狡兔三窟」的由來。

馮諼開始為孟嘗君四處活動。他先跑到秦國，對秦昭王説：「孟嘗君在天下名氣很大，如今齊王卻罷免了他，他心裏有氣，準備離開齊國。您要是請他來秦國當丞相，不是就能得到齊國的全部情報了嗎？」秦昭王覺

得有道理，於是派出車隊，帶着豐厚的禮物去齊國，準備聘請孟嘗君。

　　馮諼又趕緊回去見齊湣王：「齊國最大的對手就是秦國，現在秦國已經準備請孟嘗君當丞相了，您要是聽任他去了秦國，齊國就不是秦國的對手了！」齊湣王派人一打聽，果然發現秦國的車隊正奔向齊國。他怕孟嘗君真去了秦國，讓齊國受到很大損失，只好派出使者向孟嘗君道歉，重新任命他當丞相。

　　就這樣，孟嘗君在齊國的地位又穩固了下來，馮諼「狡兔三窟」的計策成功了。他雖然在孟嘗君那裏白吃白喝了很久，卻在關鍵時刻幫了孟嘗君的大忙。

知識加油站 事件

雞鳴狗盜

　　除了「狡兔三窟」的故事以外，《史記》中還記載了一個孟嘗君養門客，關鍵時刻起大作用的故事。

　　馮諼到來之前，孟嘗君曾經在秦國擔任丞相。秦昭王的手下認為孟嘗君與齊國國君是親戚關係，肯定不會好好為秦國效力，勸秦昭王殺了孟嘗君。於是秦昭王就罷免了孟嘗君的丞相職務，把他囚禁起來。孟嘗君看情況十分危急，便讓一個擅長偷盜的門客偷回了之前獻給昭王的白色狐皮裘，轉而送給了昭王的寵妾，讓她幫忙勸說昭王。

　　因為寵妾的求情，昭王放了孟嘗君。孟嘗君怕昭王反悔，帶着門客想連夜逃出秦國，卻被擋在了函谷關前。當時夜裏城門是不開的，於是一名會學雞叫的門客學着公雞鳴叫了幾聲，引得附近的公雞都叫了起來。守城門的士兵以為天亮了呢，便打開了城門，使得孟嘗君及時逃出秦國，脫離了危險。這就是「雞鳴狗盜」的故事。

　　很多學者懷疑這個故事的真實性，史書中對於孟嘗君是否擔任過秦國丞相的記載也是含糊不清。但是出土於秦東陵的漆木高足豆底座上的銘文「八年相邦薛君造」，卻可以證明孟嘗君確實當過秦國的丞相。銘文中的薛君就是孟嘗君，據專家考證，這件漆木高足豆是孟嘗君在秦國擔任丞相時送給秦王的禮物。

▲漆木高足豆

完璧歸趙

戰國版「石頭記」

大家都有自己心愛的東西。你有沒有想過，萬一有人想搶走你心愛的東西，你應該怎麼保護它呢？趙惠文王就曾面臨這樣的難題。

趙惠文王有一塊寶玉「和氏璧」，秦昭王聽說了，很想要這塊玉，便派使者轉告趙惠文王，願意用十五座城換這塊玉。趙惠文王很為難：秦國很強，不答應吧，怕得罪他們；可要是答應呢，萬一秦昭王拿到玉，翻臉不認賬怎麼辦？他糾結了很久，這時身邊的宦官繆（miào，粵

音妙）賢向他推薦了自己的門客藺（lìn，粵音論）相如，説他肯定有辦法。

趙惠文王找來藺相如，問他該不該把玉璧讓給秦昭王。藺相如回答：「秦國強、趙國弱，我們不能不答應。」趙惠文王又問：「那秦王拿了玉，不給城怎麼辦？」藺相如又回答：「這事我可以辦好，趙國要是得不到十五城，我肯定會把璧玉送回趙國。」趙惠文王將信將疑，但還是同意派藺相如帶着和氏璧出使秦國。

藺相如獻上和氏璧，秦昭王看這玉晶瑩剔透，捧在手裏玩了半天，又給后妃和近臣們看，從頭到尾都不提割讓十五城的事。

大家應該能看出來了，秦昭王根本就不想給出十五城。你要是藺相如，這時候該怎麼辦呢？藺相如就有辦法。他畢恭畢敬地對秦昭王説：「這塊玉上還有點小毛病，我指給大王看。」

秦昭王沒有防備，把玉璧還給了他。藺相如捧着玉退後幾步，靠近柱子，滿臉怒容，指責秦昭王不講信用：「大王要是想強奪這塊玉，臣的腦袋就和玉一起在柱子上撞碎！」説着雙手舉起玉，擺出一個向柱子砸過去的姿勢。

秦昭王沒料到藺相如還有這一手。他既怕撞碎了玉，也怕傳出去天下人都罵自己，只好向藺相如道歉，又召來管地圖的官員，指出準備送給趙國的十五城。可是藺相如看得出，秦昭王還是在裝樣子，又説：「和氏璧是天下公認的寶貝，趙王送璧之前齋戒了五天，如今大王也必須這樣，還要舉辦盛大的典禮，我才敢獻上璧！」秦昭王沒辦法，只能滿口答應：「行行行，五天就五天，典禮就典禮！」

幾天過去了，秦昭王做好了典禮的全部準備，藺相如卻兩手空空地來到秦宮。原來，他早就讓手下帶着和氏璧，從小道逃回了趙國。他還對秦昭王說：「秦國從穆公以來的二十多位國君，沒一個守信用的。我怕被大王欺騙，所以先派人帶着璧回去了。如今以秦國的強大，您只要先把十五座城割讓給趙國，趙國立刻就把璧送過來，絕不會不給。我知道自己欺騙大王有罪，甘願被煮死，您該怎麼辦就怎麼辦吧！」

秦國大臣這下一片混亂，很多大臣都主張殺了藺相如。秦昭王這時已經被藺相如磨得沒脾氣了，只好說：「殺了他也得不到璧，反而壞了兩國交情，算了吧！」客客氣氣地把藺相如送回國了，從此也不再提和氏璧的事。這就是「完璧歸趙」的故事。

和氏璧這事算是過去了，不過秦昭王一肚子氣，總想找回面子。這天他又約趙惠文王在澠（miǎn，粵音敏）池（今河南省澠池縣）會盟，趙惠文王怕去了被秦昭王扣押，不想去。藺相如卻認為，不去就是示弱，秦昭王以後會更加囂張。大將廉頗也這樣認為。最後他們商量好，藺相如跟着趙惠文王一起去赴約，廉頗留守趙國。

這次會盟很順利，秦昭王不像上次那樣咄咄逼人，趙惠文王也放下心來。會盟後的酒席上，秦昭王又提出請求：「聽說趙王很擅長音樂，為大家彈個瑟怎麼樣？」趙惠文王正在興頭上，於是當場彈了一曲，雙方大臣一通喝彩歡呼。秦昭王哈哈大笑，扭頭就讓身旁的史官記上一筆：「某年某月某日，秦王與趙王會飲，令趙王鼓瑟。」

這下趙惠文王氣紅了臉，卻又無可奈何。藺相如知道，要是不馬上給秦昭王一點顏色看，這次的事傳到天下，趙國就丟人了。他順手撿起一隻瓦罐來到秦王面前：「聽說秦人都擅長擊缶，請秦王也表演一下。」

秦昭王一看又是藺相如，不耐煩地拒絕了：「演甚麼演？我不會！」藺相如早有準備，大聲喊道：「大王要是不答應，五步之內，我的血就要濺到您身上！」旁邊的衛士們想要上前救駕，藺相如瞪着眼一通怒斥，誰也不敢上前了。秦昭王眼看沒法收場，只好勉強敲了下瓦罐。藺相如也讓趙國史官記下：「某年某月某日，秦王為趙王擊缶（fǒu，粵音剖）。」

這下秦國大臣們不滿了，紛紛起鬨：「請趙國割讓十五城為秦王做進賀之禮吧！」藺相如寸步不讓：「請秦國割讓都城咸陽為趙王做進賀之禮

吧！」兩邊越吵越熱鬧，最後成了比誰嗓門大。秦昭王一看，這簡直成了笑話，趕緊讓大臣們別瞎吵了。這場澠池會又是不歡而散。

藺相如維護了趙國的尊嚴，立下了大功，回國後，趙惠文王封他當了上卿，地位比廉頗還高。這下廉頗生氣了，覺得自己在戰場上出生入死，藺相如卻只靠一張嘴，官職反而比自己高，太不公平。他整天揚言：「等我碰到藺相如，一定要羞辱他！」

藺相如知道了這事，便處處躲着廉頗，在路上碰到了，也主動讓車夫把車趕到一旁，避開他。大家是不是覺得很奇怪，藺相如之前面對秦昭王時膽子多大啊，可如今面對廉頗怎麼反而退讓了呢？他的手下也都不服氣，藺相如卻解釋説：「秦國之所以不敢侵犯趙國，就是因為有我和廉頗將軍兩個人在。我們要是鬥起來，趙國不是自己就亂了嗎？」

很快，廉頗也聽到了這番話。他大受感動，認識到自己心胸太狹窄，於是便光着上身，背着荊條，主動去向藺相如請罪，跪在他的面前，請他用荊條打自己。這就是成語「負荊請罪」的由來。藺相如見了廉頗這副模樣，趕緊請他起身，兩人不僅言歸於好，還結成了生死之交。這就是「將相和」的故事。

知識加油站 文化

和氏璧的由來

相傳，和氏璧是一個叫卞和的楚人發現的。玉在沒雕琢之前叫「璞（pú，粵音噗）」，外表和石頭很像。卞和先把它獻給楚厲王，楚厲王把它當成了石頭，認為卞和在騙自己，非常生氣，下令砍掉了他的一隻腳。後來楚武王即位，卞和又去獻玉，楚武王也把玉當成了石頭，砍掉了他的另一隻腳。

後來楚文王即位，卞和不敢去獻玉了，抱着玉哭了好幾天，眼淚哭乾了，一直哭出了血。他說：「我不是為自己被冤枉而傷心，我傷心的是這明明是一塊美玉，可世人卻有眼無珠。」楚文王聽說後，讓玉工仔細鑒定這塊璞，終於發現它確實是塊美玉。為了紀念卞和，為他洗刷冤屈，這塊玉就被命名為「和氏璧」。

火牛陣

靠牛打勝仗的強人 ··········

　　大家有沒有遇到困難特別想放棄的時候？成績總提高不上去，難題解不出來，學東西學不會，參加比賽贏不了……如果是這樣，請看看齊國的田單。他本來打的是一場注定要輸的戰爭，卻一直堅持到最後，硬是反敗為勝、絕處逢生了。

　　戰國中期，燕齊兩國結下了深仇大恨。齊國曾經攻入燕國的國都薊（jì，粵音繼，今北京市），四處燒殺搶掠。後來燕昭王即位，一心想向齊國復仇。他設了一座黃金台招納人才，吸引名將樂毅來到燕國，君臣二人把燕國治理得很強大，樂毅還率領五國聯軍伐齊，佔領了齊國幾乎所有城池。在這個節骨眼上，田單當上了齊國即墨城的守將。

　　田單本來只是臨淄一個管理市場的小吏，燕軍攻打齊國的時候，齊人駕着馬車紛紛出逃，田單的家族也在其中。逃亡途中太擁擠，很多齊人的車軸都被撞斷，沒法再走，只有田單家的車沒事。原來田單早就料到了這點，事先讓家人把車軸凸出的部分鋸短，又包裹上鐵箍，這樣就不會被撞壞了。他們逃到即墨後，即墨的守將剛好陣亡了，城中的齊人覺得田單很有智謀，就推舉他來帶領大家守城。

　　這時候，齊國只差一步就要滅亡了，整個齊國只剩下即墨和莒這兩座城沒有被攻克，誰也不相信齊國還能堅持下來。如果你是田單的話，會怎麼做呢？田單總覺得不到最後關頭，還應該再堅持一下。

　　正好這時候，最信任樂毅的燕昭王去世了，新繼位的燕惠王一直看樂毅不順眼。田單覺得這是個好機會，他派人潛入燕國，四處散佈流言：「樂毅滅齊只剩兩座城沒有拿下，他其實是故意這樣做，想要收買齊國人的民心，自己當齊王。所以齊國人都希望樂毅能一直領兵，就怕燕國換人來當將軍。」

　　燕惠王聽說後，也不管真的假的，反正有藉口了，他很快就撤掉樂毅，換了一位叫騎劫的大將來接替他。燕軍將士本來都很敬仰樂毅，樂毅被撤職後，他們都替他抱不平，士氣也一落千丈。

　　田單看這一招奏效了，很受鼓舞，又想出了更多的奇招怪招。他在城中下令，每家每戶吃飯前都要把食物擺在庭院中，用來祭祀祖先。這麼一

來，很多雀鳥紛紛落到即墨城裏去吃糧食。城外的燕軍遠遠看見了，都很好奇，田單趁機宣稱，這是神靈在庇佑即墨城。他還選出一名士兵，讓他打扮成神靈的模樣，自己每次下達軍令，都說是這位神靈的意思。消息傳到城外，燕軍更是心裏困惑，都在擔心還能不能拿下即墨。

田單又趁熱打鐵，故意在許多人面前裝出擔心的樣子說：「我最怕燕軍抓住我們齊人後，割掉我們的鼻子，再讓我們站到即墨城前，那樣大家就嚇得沒心思打仗了！」沒過多久又說：「我最怕燕軍在城外挖掘我們齊人的祖墳，那樣我們肯定早早投降了！」

這些話傳到燕軍耳朵裏，他們拿不下即墨，早就憋了一肚子氣，想也不想，馬上割掉齊國俘虜們的鼻子，挖齊人的祖墳。即墨城裏的齊人看到燕軍這樣殘暴，一個個氣得捶胸頓足、大哭大叫，恨不能立刻殺出城外，和燕軍決一死戰。

大家可能會奇怪，田單為甚麼要害自己國家的百姓？其實他也是沒辦法，守城時間長了，大家的鬥志都會慢慢鬆懈，就像我們要是連着上一整天的課，沒有小息時間，那老師講的內容誰都聽不進去。所以田單必須想辦法重新給大家打氣。如今他這一招雖然狠毒了點，但百姓們還真的重新振作起來了。

田單以身作則，鼓舞大家的士氣。他親自握着鏟子和士兵們一起修築城牆，還把自己的妻子和家人也編在軍隊裏，把全部的食物拿出來犒勞士卒，又命令裝備整齊的精銳部隊都埋伏起來，讓老弱婦女上城防守。眼看大家又變得鬥志昂揚了，田單準備趁着這股幹勁向燕軍反擊。

這天深夜，一些富商帶着很多財寶悄悄逃出即墨城，來到燕軍營地求見騎劫，告訴他，即墨已經扛不住了，很快就要投降了。他們請求燕軍佔領全城後能保全自己的家人。騎劫聽了大喜過望，收下財寶滿口答應，從此再也不把齊軍當回事了，只等着他們投降。

其實這些富商都是田單派手下假扮的，聽到他們帶回的消息，田單開始着手準備反攻。他在城中徵集了許多黃牛，給牠們的雙角綁上尖刀，身上披起五彩絲綢，還讓士兵們找來很多乾蘆葦，在油脂裏泡了很久，再繫到這些黃牛的尾巴上。

這天夜裏，田單讓士兵們驅趕這些黃牛出了城，點燃牠們尾巴上的蘆葦。黃牛們被燒得受不了，紛紛向着燕軍營地狂奔過去。燕軍還在做着齊國投降的美夢，突然聽到天崩地裂一樣的殺聲和怪叫，趕緊衝出帳篷一看，都被嚇得魂飛魄散：好多怪獸在營地裏橫衝直撞，身上花裏胡哨，頭上的尖刀閃着寒光，尾巴上還帶着火焰。

燕軍一個個手忙腳亂，根本抵擋不住，好多人要麼被尖刀捅死，要麼被火燒死，要麼被牛蹄踩扁，剩下的趕緊四散逃命。田單這時又率領城中的齊軍殺了出來，把燕軍打得一敗塗地，騎劫也死在亂軍當中。

這場勝仗一下鼓舞了齊軍的士氣。之後田單又率領齊軍繼續收復失地，各地的齊人紛紛響應，徹底把燕軍趕出了齊國。後來，齊人發現太子田法章一直藏在莒城，於是擁立他當了新齊王，這就是齊襄王。齊國就這樣復國了，田單也被封為安平君，當上了齊國丞相。

知識加油站 軍事

郾王劍

郾（yǎn，粵音演）王劍在山東省淄博市臨淄區齊都鎮龍貫村出土，戰國時，臨淄是齊國的都城。這把青銅劍劍脊上鑄有「郾王職作武蹕（bì，粵音筆）旅劍」銘文。郾王職，即燕昭王姬職，「蹕旅」指燕昭王直屬的警衛部隊。根據銘文，專家認為這把郾王劍是燕昭王賜予大將的一把寶劍，此劍又在臨淄出土，為燕齊大戰提供了實物證據。

郾王劍，現收藏於山東▶
省淄博市齊文化博物館

屈原投江

中國第一位偉大的詩人 · · · · · · · · · · · · · · ·

　　中國有很多傳統節日:農曆新年、元宵節、清明節、端午節、七夕節、中秋節、重陽節……大家知道端午節是紀念歷史名人屈原的嗎?

　　屈原是中國歷史上最偉大的詩人之一。他生活在戰國時期的楚國,出身貴族,很有學問,所以年紀輕輕就當上了高官,負責給楚國起草政令,出使別國。這也引起了另一位大臣上官大夫的嫉妒。有一次屈原起草法令,上官大夫想提前看,屈原不給他看,他就到楚懷王那裏説屈原的壞話:「楚國每次發佈新法令,屈原就誇口説:『除了我,楚國沒人能制定法令。』」楚懷王也不查證一下就信了,他很生氣,覺得屈原有本事是有本事,可是也太驕傲了,慢慢就疏遠了他。

　　當時,秦、齊、楚三國都是強國。楚國和齊國結了盟,秦國想拆散它們,就派縱橫家張儀出使楚國。張儀以前沒成名的時候,曾經在楚國令尹的手下混飯吃,有一次令尹丟了一塊玉璧,其他人都懷疑是張儀偷的,把他抓起來一頓痛打,可張儀咬緊牙關,死活都不承認,他們只好放了張儀。張儀遍體鱗傷地回到家裏,妻子見到他這副慘相就哭了:「讓你整天耍嘴皮子!你要不出去游説,怎麼會遭這樣的罪?」張儀卻裝出滿不在乎的樣子,對妻子説:「你看看我的舌頭還在不在?」説着張開嘴。這下反倒把他妻子逗笑了,説:「舌頭還在呀。」張儀説:「這就行,以後我還能去游説。」

後來張儀果然時來運轉，當上了秦國的丞相。他特意給楚國令尹寫了一封信，威脅他說：「當初我沒偷玉璧，你卻打我。如今你好好守住你的國家吧，我要來偷你的城了！」

　　張儀來到楚國，信誓旦旦地向楚懷王表示，只要楚國不再和齊國結盟，秦國就願意割讓商、於六百里土地。楚懷王起了貪心，派使者和齊國解除了盟約。沒想到前腳剛解約，後腳張儀就翻臉不認人，根本不承認有割讓土地這回事。楚懷王上了當，頓時火冒三丈，立刻發兵攻打秦國，卻被打得大敗而歸。

　　秦國也知道，雖然打敗了楚國，但憑自己現在的實力，繼續打起來也未必能贏，所以主動向楚國提出講和，還願意割讓土地。楚懷王這時候卻早就氣得昏了頭，寧可不要土地，也要張儀來楚國。

　　張儀膽子也真是大，還真主動又來楚國了。楚懷王馬上下令把他關進監獄，準備殺了他。沒想到張儀賄賂了楚懷王的寵妃、寵臣，耳根軟的楚懷王聽信了他們的話，居然放張儀回秦國了。這時屈原出使齊國剛回來，聽說後趕緊跑去見楚懷王，質問他：「您為甚麼不殺張儀？」楚懷王後悔了，趕快派人去追張儀，卻沒追到。

　　接下來的幾年，楚國對外連吃敗仗，日子越來越不好過。這天，秦昭王又寫信邀請楚懷王來秦國會盟，屈原堅決反對：「秦國是虎狼一樣的國家，這裏肯定有詐！」另一些大臣卻一個勁兒主張赴約，楚懷王聽信了他們，結果剛到秦國就被扣押了起來。秦昭王逼他割讓土地，軟弱慣了的楚懷王總算強硬了一回，就是不答應，結果被秦國扣押了好幾年，最後還死在了秦國，這成了楚國的奇恥大辱。

　　楚懷王被秦國扣押後，國家大事得有人拿主意，楚國只好立太子當新楚王，這就是楚頃襄王。楚頃襄王比他父親還昏庸，不僅疏遠屈原，還聽了奸臣的煽動，把屈原流放到了汨（mì，粵音覓）羅江（今湖南省汨羅市）邊。

　　大家也許會覺得，楚國這麼對不起屈原，他應該非常恨楚國才對。可屈原並不是這樣，他雖然被流放了，卻仍然為楚國的命運擔憂，每天披頭散髮、神情憔悴地在江邊散步吟詩。有一位漁夫見到後問他：「您為甚麼

這樣？」屈原回答：「舉世皆濁我獨清，眾人皆醉我獨醒。」意思是說，全天下都是渾濁的，只有我乾淨；所有人都醉了，只有我醒着啊。他在這裏寫了許多詩，抒發自己憂國憂民的感情。

楚國的局勢越來越糟，秦將白起率領着秦軍又一次進攻楚國，先是水灌鄢（yān，粵音煙）城，淹死了幾十萬楚國軍民，又一把火燒掉歷代楚王的陵寢，最後還攻佔了楚國都城郢（yǐng，粵音 jing5）都。楚頃襄王則帶着滿朝大臣跑路了。消息傳到汨羅江畔，屈原陷入了痛苦和絕望中。他既為無辜死去的楚國百姓悲傷，又沒法忍受楚國的滅亡，還痛心楚頃襄王的昏庸，自己卻又沒能力抵抗秦軍。這些痛苦讓他比死了還難受，這年的五月初五，屈原抱着一塊石頭跳進了汨羅江。

相傳屈原死後，附近的百姓紛紛駕船到江中打撈他的屍體。他們怕魚鱉吃了屈原的屍體，於是把糯米裹上葦葉投入江中。這就是如今賽龍舟、吃粽子習俗的由來。屈原的愛國精神一直流傳下來，感動了無數人。於是，大家專門選擇在端午節這天紀念他。

知識
加油站 文學

屈原都寫過哪些詩？

屈原的代表作是《離騷》，這是中國古代最長的抒情詩。屈原在詩中講述了自己的身世、遭遇和志向，表達了對楚國命運的關注，以及自己如何堅持理想。另一首著名的長詩是《天問》，屈原在詩中一口氣提出了一百七十多個問題，天文地理、自然現象、神靈鬼怪、歷史人物無所不包。此外，他還改編了許多楚國民間祭祀的歌曲，創作出組詩《九歌》，每首歌祭祀一位楚地神靈，詩中有着浪漫、豐富的想像。

紙上談兵
「兵法學霸」的慘敗 ．．．．．．．．．．．．．．．．．

大家應該聽過一個成語「紙上談兵」，它的意思是只會在文字上談論戰術，真正上了戰場卻根本不知道該怎麼打，形容那種只會空談、不懂實踐的人。這個成語說的是趙國的一位敗軍之將趙括。

趙括的父親是名將趙奢，他曾經戰勝過強大的秦軍，俗語「狹路相逢勇者勝」就出自趙奢說過的一句話。趙括從小熟讀兵法，爭論起軍事問題，經常把趙奢都駁得啞口無言。趙括因此一直很得意。

大家是不是會想，趙括懂得的比他爸都多，那打仗應該很屬害啊。其實沒那麼簡單，很多事不是只要「懂」就算會了的，比如說游泳，大家都在電視上看運動員們游過泳，肯定知道該怎麼做游泳動作，可要是真讓你下了水，如果沒有教練教，你還是只會「雞手鴨腳」，搞不好甚至會溺水。

趙括卻不懂這個道理，這也讓趙奢很為這個兒子擔心。趙奢打了一輩子仗，知道戰場上充滿了危險，哪怕計劃得再周全，也會有各種事先考慮不到的意外出現，所以必須小心小心再小心。可是兒子卻把打仗看得跟我們如今打遊戲一樣，恨不能點幾下滑鼠、敲幾下鍵盤，士兵自己就在螢幕上動起來了。可是趙奢去世得早，來不及多管教兒子，所以趙括總是目空一切，覺得自己最屬害。

後來秦國想奪取趙國的上黨地區，趙國派出大將廉頗在長平（今山西省高平市）抵擋秦軍，這就是「長平之戰」，春秋戰國時代規模最大、最慘烈的一戰。秦趙兩軍在這裏各自集結了四十多萬大軍，誰也奈何不了誰。

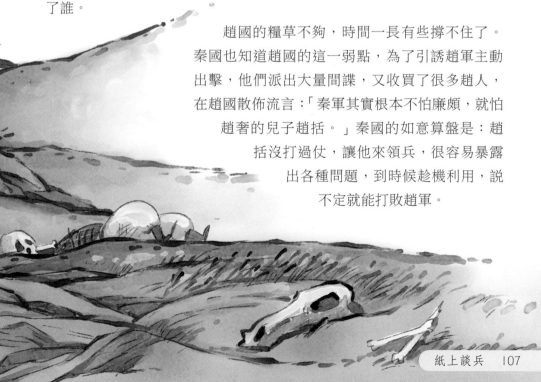

趙國的糧草不夠，時間一長有些撐不住了。秦國也知道趙國的這一弱點，為了引誘趙軍主動出擊，他們派出大量間諜，又收買了很多趙人，在趙國散佈流言：「秦軍其實根本不怕廉頗，就怕趙奢的兒子趙括。」秦國的如意算盤是：趙括沒打過仗，讓他來領兵，很容易暴露出各種問題，到時候趁機利用，說不定就能打敗趙軍。

流言很快傳到趙孝成王的耳朵裏。這些年來，趙括雖然沒帶過兵，可每次談兵法都是滔滔不絕，很多人都覺得他不比趙奢差。眼下戰局正在僵持，趙孝成王早想讓趙軍主動出擊，但廉頗堅決不同意。他想撤掉廉頗，一時又找不到合適人選。如今聽到這個流言，趙孝成王便打算讓趙括接替廉頗。

　　他一說出這個打算，很多大臣都堅決反對。藺相如就認為，趙括雖然懂兵法，卻不懂隨機應變，他要是當了將軍，只會一個勁猛攻，很容易中秦人的計。連趙括的母親都反對兒子領兵，認為他趾高氣揚，驕傲自滿，肯定會打敗仗。趙孝成王卻不以為然。趙括的母親看沒法說服趙王，只好提了個請求：趙括要是打了敗仗，請不要追究他們家族的罪責。趙孝成王答應了。

　　這些反對意見，趙括都聽到了，可是他都不在乎，還是意氣風發地出征了。秦國得知這一消息，派出了自己的頭號名將白起。白起之前把六國打敗過不知多少次，這次為了麻痹趙國，以免讓趙括警惕，白起特意向秦軍下令：誰敢泄露自己為將的消息，立斬不赦！

　　趙括一接替廉頗，就下令全軍出擊，向秦軍發動猛攻。白起猜到他會這樣做，故意讓秦軍節節敗退，把趙軍主力一點點吸引到一片山谷裏，然後派出兩支由戰車和騎兵組成的快速部隊，悄悄繞到趙軍背後，佔據了山谷的入口，堵住了趙軍的退路。

　　趙括對正面的秦軍猛攻了好久，才發現秦軍切斷了自己的退路，趕忙掉過頭突圍。但這時，幾十萬趙軍已經被圍困了起來。長平山谷地勢很開闊，但只有很少幾個出入口，秦軍趁趙軍猛攻的時候，在這些出入口都佈下了重兵，修建了堅固的牆壁。這裏的地形易守難攻，趙軍怎麼也打不下來。

　　趙括沒辦法，只能下令全軍拚死突圍。趙軍向外衝殺了一次又一次，可越是拚命，希望就越渺茫。他們糧草本來就不夠，被圍困之後，後方的糧草也運不過來，士兵們吃不上飯，肚子越來越餓，戰鬥力也就越來越低，照這樣下去，早晚得活活餓死。

　　趙軍被圍困了整整四十六天，到了最後，所有士兵都打不動仗了，有

人餓得吃死屍，有人甚至殺死戰友，吃他們的肉，簡直是一片人間地獄的景象。趙括知道這都是自己的失誤造成的，心裏滿是愧疚。為了贖罪，他組織了最後一次突圍，結果被秦軍射死在兩軍陣前。

趙括死後，倖存的趙軍再也支撐不住，選擇了向秦軍投降。白起覺得這些俘虜終究是一個巨大的隱患，於是下令把幾十萬趙軍俘虜全部殺死，掩埋在長平戰場上，只放走了二百四十名少年士卒，回趙國報告這個消息。

「長平之戰」以趙國慘敗而告終。趙括因為自己的失誤，給趙國帶來了慘重的損失，也讓自己成了只會紙上談兵的反面教材。

白起的結局

「長平之戰」後，白起準備乘勝出兵，攻打趙國都城邯鄲。丞相范雎（jū，粵音追）怕白起功勞太大，便以軍隊需要休整，不如讓趙國割地為由，上書秦王阻止進軍，秦王採納了范雎的建議。

幾個月後，秦王又發兵攻打趙國，命白起率兵攻打邯鄲。白起卻認為已經失去了好的時機，不適宜發兵，不願意為將。秦王便改派其他將領率兵，結果失敗了。白起經常和別人議論說，秦王因為不聽他的建議才導致了失敗。這些話傳到秦王耳朵裏，秦王非常生氣，最終在范雎的挑撥下，白起被賜死。

當時的世界

公元前264年，羅馬和迦太基爆發了第一次「布匿戰爭」，起因是雙方爭奪西西里島。這一仗打了二十三年，最後以迦太基被迫求和而告終，但羅馬也元氣大傷。公元前260年，「長平之戰」。

竊符救趙

靠偷東西挽救了一個國家 ‧‧‧‧‧‧‧‧‧‧‧‧‧‧‧‧‧

　　上節講到，趙國在「長平之戰」中遭遇了慘敗，趙括連同四十多萬趙軍全都被殺，局勢立刻變得十分危急。趙國國內已經沒有多少青壯年男子了，而秦軍沒多久就又派兵攻打趙國的都城邯鄲。國中僅剩的青壯年和老弱婦孺還沒來得及擦乾眼淚，就趕緊跑上邯鄲的城頭抵禦秦軍。

　　秦軍圍攻了邯鄲很久，眼看城裏就快沒糧食了，兵器也消耗得差不多了。再這樣繼續下去，趙國肯定會滅亡。趙孝成王和丞相平原君趙勝都心急如焚，只好去請其他國家幫忙。平原君率領着二十名門客去請楚國出兵，其中有一個叫毛遂的門客起到了關鍵的作用，終於使楚王答應出兵救趙。

　　但是僅有楚國的幫忙，還是無法與秦軍對抗。這時，趙勝又想到了妻子的弟弟信陵君魏無忌在魏國當政，於是便寫信向他求援。

　　信陵君是魏國的王族公子，十分有才幹，又禮賢下士，因此很多士人都爭先恐後投奔他。信陵君收到姐夫的求援信時，他的哥哥魏安釐（xī，粵音璃）王其實已經派大將晉鄙統領着十萬大軍趕往趙國。秦昭王知道後，特意派使者來威脅說：「秦國早晚要拿下趙國，各國誰敢救援，秦國滅趙後第一個就去打它！」結果魏安釐王害怕了，又趕緊讓晉鄙停在趙國邊境觀望。信陵君勸了好幾次，魏安釐王就是不聽。

　　信陵君說服不了哥哥，又不能眼看着姐姐和姐夫成為秦國的俘虜，連着好幾夜睡不着覺，最後把門客們組織起來，拼湊了一百多輛戰車，決定率領他們去救趙國。他自己也知道，這點兵力去邯鄲純粹是送死，可眼下也沒有別的辦法。

車隊動身之前，信陵君特意來到大梁城的東門找一個人。這人叫侯嬴，是一位七十多歲的老人，很有見識，曾為信陵君出過很多主意，信陵君特別敬重他。這次，信陵君把自己的打算告訴侯嬴，說得很動情。他本來以為，侯嬴也會很激動，說不準還要跟着去呢。沒想到侯嬴特別冷淡，只說了句：「那公子加油吧，我不能跟着去了。」

　　信陵君告別侯嬴後，越想越奇怪：自己平時對他夠上心的了，現在自己明擺着是有去無回，他怎麼一點都不在乎？這也太絕情了吧？他轉而又想，侯嬴表現得這麼反常，肯定是在用這種方式提醒自己有哪裏做得不對，於是趕緊又掉頭回去。

　　侯嬴果然在家裏等着。他早料到信陵君會回來找自己，剛才就是在故意考驗他。信陵君要是真就這麼走了，只能說明他一點腦子都沒有，自己再怎麼出主意也幫不上他。現在信陵君回來了，侯嬴知道他很有悟性，這才說出自己的主意：讓他去偷一樣東西。

　　這個東西就是「虎符」——當時國君調動軍隊的信物。侯嬴告訴信陵君：「現在晉鄙那裏就有現成的十萬大軍，您要是能拿到虎符，就可以假借魏王的命令接管這支大軍，然後去救趙國。」信陵君問：「那我怎麼才能拿到虎符啊？」侯嬴又說：「魏王非常寵愛如姬，您曾幫如姬報過殺父之仇，對她有恩，要是求她幫忙把虎符偷出來，她肯定會答應。」

　　信陵君按照侯嬴的指點去求如姬。如姬果然痛快地答應下來，二話不說就偷出了虎符。侯嬴又擔心信陵君去接替晉鄙，晉鄙會起疑心，不肯交出軍隊，便推薦了一位大力士朱亥（hài，粵音氦）跟着他一起去。萬一晉鄙不聽令，就讓朱亥直接殺死他。

　　信陵君來到晉鄙的軍營，拿出虎符，晉鄙檢查後沒發現問題，可還是覺得很奇怪，打算請示一下魏王。這時候朱亥衝了出來，掏出事先藏好的大鐵鏈，當場砸死了晉鄙。

　　信陵君舉起虎符對將士們說：「晉鄙抗拒王命，我才不得已殺死他。現在由我接替他為將，北上救趙！」

　　大家可能會說，這信陵君也太過分了吧，先是偷東西，之後又殺人，晉鄙招誰惹誰了？現在看，信陵君確實不對。但是齊國和楚國衰落以後，

只有趙國能抵抗秦國，如果趙國完了，其他五國早晚也會完，所以信陵君不光是救趙國，也是救魏國。遺憾的是魏王卻不懂這個道理。

信陵君接管魏軍後，把十萬大軍精簡到八萬，然後帶領他們和楚軍會合，一起向邯鄲城挺進。

他們向秦軍發起進攻，此時的秦軍早已疲憊不堪，再加上沒有防備，被打得大敗，只好撤回了秦國，被圍了三年的邯鄲終於得救了。

憑藉這一戰，信陵君挽救了趙國，也讓秦國統一天下推遲了幾十年。信陵君成了六國的英雄，可他也知道，自己把魏王得罪了，沒法回魏國了，只好在趙國住了下來。這一住就是十年。

後來信陵君雖然和魏王和好，回到了魏國，但魏王始終都很提防他，甚麼事都不讓他參與。信陵君眼看魏國一天天衰落下去，自己又甚麼都做不了，心裏非常鬱悶，整天喝酒作樂，沒過多久就去世了。

知識加油站 軍事

虎符怎麼用？

虎符是當時軍隊中的一種信物，用青銅鑄成，外形做成老虎的形狀，可分為左右兩半，左邊放在軍隊將領的手裏，右邊由國君拿着。

要調動軍隊時，國君會把自己那半枚虎符交給使者，再由使者把它帶到軍隊裏，和另一半對到一起，才能調動兵馬。戰爭結束後，將軍再把那半枚虎符交還國君。如果沒有虎符，或者虎符左右兩半對不上，是無法調動一兵一卒的。

奇貨可居
史上最成功的一筆投資 · · · · · · · · · · · · · ·

　　大家肯定聽說過商人，他們靠着低價買進貨物，再高價賣出，賺中間的差價。戰國末期，有一個很特別的商人，他買賣的不是貨物，而是活人，掙來的也不是錢，而是權位。

　　這個商人叫呂不韋，他早年靠販賣各種貨物賺了不少錢。後來他去趙國做生意，認識了一個叫異人的人，從此兩個人的命運都改變了。

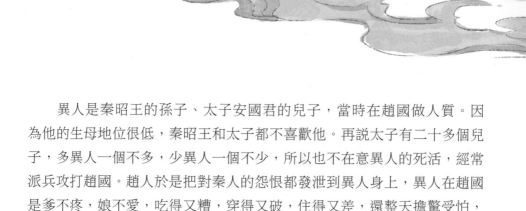

　　異人是秦昭王的孫子、太子安國君的兒子，當時在趙國做人質。因為他的生母地位很低，秦昭王和太子都不喜歡他。再說太子有二十多個兒子，多異人一個不多，少異人一個不少，所以也不在意異人的死活，經常派兵攻打趙國。趙人於是把對秦人的怨恨都發泄到異人身上，異人在趙國是爹不疼，娘不愛，吃得又糟，穿得又破，住得又差，還整天擔驚受怕，日子別提多難熬了。

　　只有呂不韋看出來，異人這個王孫有利用價值。他對別人說：「異人就像一件珍奇的貨物一樣，我把他囤積起來，早晚可以賣個好價錢。」這

就是成語「奇貨可居」的出處。呂不韋不光嘴上這麼說，還真跑去拜訪
異人，上來就對他說：「我能光大你的門庭。」意思是，自己能讓他得到
富貴。

異人正是落魄的時候，自己都不對將來抱甚麼希望，根本不信呂不韋
的話。所以異人笑了笑說：「您還是先光大自己的門庭吧。」呂不韋一本
正經地回答他：「你的門庭光大了，我的門庭才能光大。」異人覺得他這

話很有深意，這才和呂不韋詳細談起來。

呂不韋給他分析秦國現在的形勢：秦昭王老了，早晚要把王位傳給太子安國君。安國君最寵愛華陽夫人，偏偏華陽夫人沒有孩子。異人要是能設法讓華陽夫人認自己當義子，就很容易成為安國君的太子了。安國君身體又不好，當不了幾年秦王，那時候，秦王的位子還不是異人的？異人聽了這個主意，雖然還是有點懷疑，可這畢竟是個機會，反正自己的日子也不可能再壞了，倒不如試試，於是答應下來。

呂不韋馬上給了異人好多錢來改善生活，讓他在趙國結交朋友，自己又買了很多珍寶去了秦國。他先去見了華陽夫人的姐姐，請她去替異人說話。姐姐勸華陽夫人說：「現在安國君很寵你，可你一直沒孩子，等年紀大了該怎麼辦呢？不如趁早從安國君的兒子當中認一個做自己的兒子。我知道在趙國當人質的異人品行就不錯，你不如認他做兒子。」

華陽夫人覺得姐姐的話很有道理，找機會對安國君說了這事，安國君也同意了。就這樣，異人成了華陽夫人的兒子。因為華陽夫人是楚國人，所以異人後來就改名叫「子楚」了。

後來，呂不韋還讓子楚娶了趙國一個富豪家的女兒趙姬，趙姬和子楚生了一個男孩，取名嬴政，他就是後來的秦始皇。這一年剛好是「長平之戰」結束的第二年，秦軍開始進攻邯鄲。趙人早就恨死了秦人，便想殺死子楚一家。危急關頭，呂不韋用重金買通了邯鄲的守城官吏，帶子楚逃回了秦國。趙姬和年幼的嬴政卻沒能逃走，幸虧趙姬的娘家很有辦法，把母子倆藏了起來。

接下來的幾年，秦國的國君像走馬燈似的換了一個又一個。先是秦昭王去世了，安國君登上王位，這就是秦孝文王，子楚如願以償被立為太子。秦趙關係這時也開始緩和，趙人把趙姬、嬴政母子送回了秦國。秦孝文王在位才三天就去世了，子楚繼承了王位，這就是秦莊襄王。可子楚身體也不好，過了三年也去世了，秦國終於輪到少年嬴政繼位為秦王。

這時候，呂不韋早因為擁立子楚有功，被封為文信侯，還獲得了洛陽的一大塊封地。嬴政繼位後，又任命呂不韋為相國，並稱他為「仲父」。此時嬴政還年少，朝政自然落入了呂不韋手中。他一時權勢熏天，實現了

當年「光大門庭」的夢想。

　　這時，秦國也成了天下最強大的國家，統一六國只是時間問題了。呂不韋組織門客編寫了一部著作《呂氏春秋》。他為了宣傳這部書，把它張貼在咸陽城門上，宣稱誰能改一個字就賞他一千金。消息一傳開，很多人都跑來圍觀，但都懼怕呂不韋的權勢，誰也不敢改。這就是「一字千金」這個成語的由來。

　　少年嬴政一天天長大了，對呂不韋獨掌大權很不滿。民間又有了傳言，說他本來是呂不韋的兒子，趙姬是先有了身孕，呂不韋才讓她和子楚結婚的。其實這是別人為了抹黑呂不韋而編造出的流言，但卻讓嬴政更加討厭這位「仲父」。

　　偏偏這時秦國爆發了內亂，發動叛亂的嫪毐（lào ǎi，粵音路藹）原來當過呂不韋的門客，呂不韋和這件事多少有點關係。於是，嬴政在平定叛亂後，罷免了呂不韋的丞相，讓他帶家人遷往蜀地。呂不韋知道沒前途了，早晚會被殺，就喝毒酒自盡了。嬴政掃清了障礙，正式親政，開始了統一六國的征途。

知識加油站　文學

《呂氏春秋》是本甚麼書？

　　《呂氏春秋》當然到不了一個字都沒法更改的程度，「一字千金」只是呂不韋的炒作而已。不過，這部書確實優點很多，它注重博採眾家學說，把儒、道、墨、法、名、農、兵、陰陽等百家學說熔於一爐，包攬天地、萬物、古今，後世因此把它算作「雜家」。呂不韋編這本書，是想在秦國統一六國後用它來做治國的指導思想，但秦始皇並沒有採納，而是依舊實行法家學說。

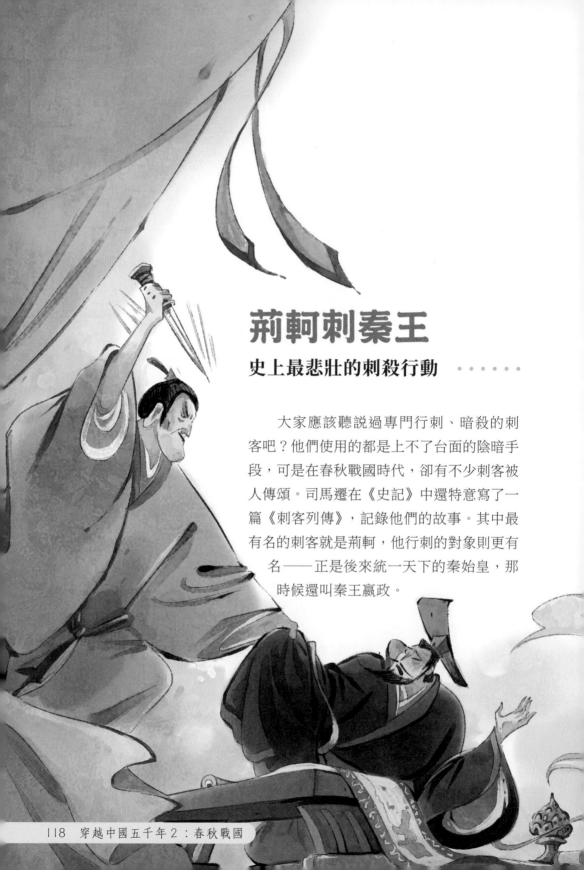

荊軻刺秦王

史上最悲壯的刺殺行動 ‧‧‧‧‧‧

　　大家應該聽說過專門行刺、暗殺的刺
客吧？他們使用的都是上不了台面的陰暗手
段，可是在春秋戰國時代，卻有不少刺客被
人傳頌。司馬遷在《史記》中還特意寫了一
篇《刺客列傳》，記錄他們的故事。其中最
有名的刺客就是荊軻，他行刺的對象則更有
名——正是後來統一天下的秦始皇，那
時候還叫秦王嬴政。

嬴政親政後，短短幾年就滅掉了韓、趙兩國，眼看就要進攻燕國了。

　　燕國太子丹之前在秦國當過人質，嬴政對他態度非常惡劣，太子丹因此受了不少氣。後來他逃回燕國，決心抗秦到底，還收留了一位逃到燕國的秦將樊於期（wū jī，粵音污棋）。可是秦國強、燕國弱，硬拚肯定不是對手，該怎麼辦呢？

　　太子丹想了很久，冒出一個主意：以求和為藉口，派刺客假扮成使者去見嬴政，再趁機殺死他，這樣秦國肯定大亂，秦軍也就不戰自退了。打定這個主意後，他開始四處物色合適的人選，最後選定了一個叫荊軻的人。

　　荊軻是衛國人，當時正在燕國遊蕩，還在這裏結識了兩個好朋友，一個是善於擊筑的樂師高漸離，另一個是宰狗的屠夫。三人經常在燕都的市場上喝到爛醉，高漸離擊筑奏樂，荊軻合着節拍唱歌，唱着唱着又抱頭痛哭，也不在意旁邊有沒有人。大家可能會覺得，荊軻是在發酒瘋或是發神經吧？其實都不是。荊軻很有才能，一直想做出一件驚天動地的大事，但是多年來鬱鬱不得志，只能用這種方式宣泄情緒。

　　太子丹找到荊軻，把自己的打算告訴了他。荊軻看到了做大事、出大名的機會，同意去行刺，但提出必須帶兩樣東西作為見秦王的禮物：一是燕國督亢（今河北省涿州市、固安縣）地區的地圖，意思是燕國要把這塊土地割讓給秦國；二是秦將樊於期的人頭，因為樊於期得罪過秦王，秦王非常恨他，一直在懸賞捉拿他。太子丹一聽很為難，地圖倒好說，可樊於期是走投無路逃到自己這裏的，自己不忍心殺他。

　　荊軻知道太子丹猶豫不決，於是私下跑去見樊於期，説：「秦國對將軍恨之入骨，殺了您家所有人，還懸重賞求您的人頭，您打算怎麼辦呢？」樊於期一聽就流淚了：「我對秦王恨之入骨，卻沒有辦法報仇，不知該怎麼辦才好。」

　　荊軻告訴他自己打算行刺秦王的事，又説：「只有交上將軍的人頭，秦王才肯見我，我才有機會行刺。」樊於期痛快地答應了：「這是我日思夜想的事，今天您讓我明白了！」當即拔劍自刎。

　　太子丹聽説後匆匆趕來，撲到樊於期的屍體上痛哭了很久。可人已經死了，他也沒辦法，只能把樊於期的屍身安葬，人頭放進一個匣子裏密封

起來。太子丹又為荊軻找來一把匕首，上面塗了劇毒，只要稍稍劃破皮肉出一點血，人就會死；還選了一位叫秦舞陽的壯士給荊軻當副手。

太子丹和荊軻都知道，這次行刺無論成功與否，荊軻都會死，於是送行的時候，所有人都穿上白色的喪服，提前給他送葬。他們把荊軻送到易水岸邊（今河北省保定市易縣），高漸離擊筑伴奏，荊軻合着節拍唱歌訣別：「風蕭蕭兮易水寒，壯士一去兮不復還！」所有人都忍不住落淚，又都被這悲壯的歌聲激勵得熱血沸騰。唱完這一曲，荊軻和秦舞陽一起登上西去的車子，再也沒回過頭。

嬴政聽說燕國派出使者求和，還帶來了地圖和樊於期的人頭，非常得意，在咸陽宮舉行了盛大的儀式。荊軻捧着裝地圖的匣子，秦舞陽捧着裝人頭的匣子，準備一同上殿去獻禮。偏偏這時候，秦舞陽看到秦宮這麼威嚴蕭殺，嚇得臉色都變了。秦國大臣們都起了疑心：這人怎麼回事？心裏有鬼？

這時候荊軻急中生智，笑着對嬴政說：「這人就是個沒見過世面的鄉下佬，從沒見過大人物，才嚇成這樣。」大臣們聽了都挺看不起秦舞陽，可也不拿他當回事了，只有嬴政還不放心，讓秦舞陽留在殿下，荊軻獨自上殿。

荊軻把地圖捧到嬴政面前，一寸寸展開，展到最後，一把寒光閃閃的匕首突然出現在眼前，原來他把匕首藏在了地圖裏。成語「圖窮匕見」就是從這裏來的。

嬴政看到匕首，頓時愣了，荊軻趁機左手抓住他的袖子，右手抄起匕首就當胸刺過來。嬴政反應也很快，身子趕緊向後一躲，「刺啦」一聲，他的袖子被扯斷了。嬴政光着一條手臂撒腿就跑，荊軻握着匕首在後面追，兩人圍着宮殿裏的一根根柱子玩起了追逐遊戲。

按照秦國的法律規定，殿上的大臣是不允許攜帶任何兵器的，拿着武器的侍衛只能守衛在殿外，沒有秦王的命令不准進殿。當時情況危急，來不及傳喚殿外的侍衛，大臣們看到這幅情景，趕緊蜂擁上去救駕，赤手空拳與荊軻搏鬥。可是荊軻武功很高強，三拳兩腳就把他們打得東倒西歪。嬴政跑着跑着，突然想起來，自己佩着一把長劍呢。他趕緊去拔劍，可是劍身很長，他心裏又發慌，劍怎麼也拔不出來。

只聽有大臣喊道：「大王把劍推到背後再拔！」嬴政趕緊照辦，終於把長劍拔出了鞘。嬴政長劍在手，立刻有了信心，一揮劍就砍斷了荊軻的

一條腿。荊軻受傷倒地後還不放棄，隔着老遠把匕首投向嬴政，沒想到投歪了，匕首刺中了柱子。

嬴政看荊軻沒了武器，膽子大起來，衝上去一口氣連刺了荊軻八劍。荊軻知道這次行刺失敗了，自己活不成了，乾脆靠着柱子，兩腿叉開坐在地上，笑着說：「我之所以沒成功，其實是想捉住你，迫使你簽訂歸還土地的契約，沒想到被你逃掉了。」秦宮的武士們一擁而上，殺死了他。

荊軻的行刺很悲壯，可是他無法改變燕國滅亡的命運。秦軍很快向燕國發動進攻，把燕軍打得大敗，攻佔了燕國的都城。燕王喜立即逃向遼東，他為了向秦國求和，還下令殺了太子丹，把他的人頭獻給嬴政。可這仍然沒用，幾年之後，燕國還是滅亡了。

知識加油站 文化

失傳樂器的重現 —— 天下第一筑

　　在故事中，我們講到荊軻臨行時，好友高漸離為他擊筑送行。你有沒有好奇，這個筑到底是甚麼樂器呢？

　　筑是我國古代的一種擊弦樂器，琴體狹長，有 5 根弦。演奏時，樂手左手按弦的一端，右手用竹棒擊弦發音。筑在古代是一種很流行的樂器，可惜到了宋代便失傳了。千百年來，人們一直沒有找到筑的實物，只能通過史書上的記載猜測它的模樣。直到 1993 年，考古學家在湖南長沙西漢王后漁陽墓中發現了筑的實物，立刻引起了巨大的轟動。它的發現填補了古代樂器史的空白，因此學術界稱這件在漁陽墓出土的筑為「天下第一筑」。

當時的世界

　　公元前 227 年，荊軻刺秦王。在第一次「布匿戰爭」中失敗的迦太基人把薩丁尼亞、科西嘉這兩個島割讓給羅馬共和國，使它們成了羅馬共和國的行省。

王翦滅楚

為了打勝仗，先得裝貪財 ••••••••••••••••••••

　　大家應該聽過一句話：伴君如伴虎。陪伴在君王身邊，好像陪着一隻老虎一樣，說不準甚麼時候就被老虎吃了，形容很危險。在中國歷史上，大臣要是能力太強，就很容易引來國君、皇帝的懷疑，君王總會找個謀反之類的藉口把他殺掉。不過，老將王翦（jiǎn，粵音剪）卻是少有的例外。

　　王翦是秦國的名將，年紀比嬴政大很多，嬴政把他當老師看待。在秦國統一天下的戰爭中，他和兒子王賁（bēn，粵音彬）一同為秦國滅掉了好幾個國家。現在眼看着該滅楚國了，嬴政把王翦和別的將軍都召集起來，詢問他們的作戰計劃。

　　將軍李信年輕氣盛，又剛在「滅燕之戰」中千里追殺過太子丹，他最先開口：「滅楚用二十萬大軍足夠了。」嬴政又問王翦，王翦卻回答：「非得六十萬人不可。」嬴政覺得王翦也太小心謹慎了，挖苦了一句：「王將軍真是老了，膽子也小了。我看李將軍很勇敢，很適合領兵。」於是決定以李信為將，領兵二十萬滅楚。王翦看出嬴政不信任自己，也就沒再爭辯，藉口自己有病，回老家頻陽（今陝西省富平縣）養老去了。

　　李信率領着二十萬秦軍去滅楚。一開始很順利，秦軍接連攻下平輿、

寢邑等城，這讓李信非常得意，覺得滅楚只是早晚的事。其實這都在楚國人的算計中。楚軍統帥項燕也是名將，他看出秦軍兵力不足，故意放棄了許多城池，不斷分散李信的兵力，自己卻率領楚軍主力偷偷在後面跟着，連續追擊了三天三夜，最後把李信打得大敗。

李信收拾起殘兵敗將逃回咸陽，嬴政又驚又怒，這才明白王翦是對的，趕緊前往頻陽去向王翦道歉：「我沒聽您的，導致秦軍吃了敗仗。現在形勢很緊張，將軍您雖然病了，難道忍心不管我嗎？」

王翦卻故意推辭說：「老臣歲數大了，又得了病，不中用了，大王您還是另選良將吧。」嬴政明白，王翦只是在試探自己是不是真心認錯，趕緊說：「好啦，將軍不要再推辭了！」王翦又說：「如果大王一定要用我，非六十萬大軍不可。」嬴政當場答應：「全聽將軍的！」王翦這才答應重新出山。

王翦率領着六十萬大軍出發了，嬴政親自到灞上（今陝西省西安市東）給他送行。臨走前，王翦請嬴政賜給自己許多田地、房舍。嬴政很奇怪：「您只管走好了，何必擔憂家裏日子不好過呢？」王翦卻回答：「在大王您手下當將軍，就算立了功也難封侯，我只好趁大王還肯用我的時候多要些田產，為子孫後代謀一份家業。」嬴政聽了哈哈大笑。

王翦領兵走了幾天，又派人回咸陽請嬴政賜給自己田地，連請了五次。手下都覺得他這樣很丟人：「將軍您也太過分了吧？打了勝仗，還怕得不到賞賜？」王翦卻連連搖頭：「不，秦王向來多疑，現在他把全國的軍隊都交給我，我要不用這種方式顯得自己貪財，他該懷疑我擁兵自重了。」王翦正是用這種方式告訴嬴政，也告訴全天下，自己只是貪財，卻沒甚麼野心，不用擔心自己手握重兵想要謀反。

浩浩蕩蕩的六十萬秦軍來到楚國邊境，楚國也集結了全國的兵力來抵抗，還是由項燕領兵。楚國人本以為秦軍一來就要猛攻，沒想到王翦卻下令挖壕溝、築壁壘，然後讓士兵們一直躲在壁壘後面不出來。

項燕覺得很奇怪，好幾次派兵去挑戰，秦軍都堅守不出。王翦只是讓士兵們整天好吃好喝、休息洗澡，自己逐個去各軍營探望士兵，和他們一起吃飯聊天。

大家是不是不明白，王翦明明是來打仗的，怎麼好像跟度假一樣？其實王翦是在以逸待勞，用這種辦法消耗楚軍的糧草和鬥志，反正秦國比楚國的家底厚實很多，最先撐不下去的肯定是楚國。

就這樣過了很久，王翦派人去查看士兵們都在做甚麼，手下回來報告說：「大家正在玩丟石頭、跳遠。」王翦知道大家的戰鬥力都上升了，非

常滿意：「士兵們都可以用了。」於是傳令全軍，做好決戰的準備。

項燕這邊卻左右為難。楚軍的糧草已經不多了，楚王和大臣們也一次次催他趕緊和秦國開戰，不管打得贏打不贏，先打起來再說。可他挑戰了不知多少次，秦軍就是不出來，硬攻又攻不進去。最後他沒辦法，只好悄悄向東撤兵。

王翦馬上捕捉到了這個動向，立刻下令全軍殺出。秦軍養精蓄銳了很久，早就想要打仗了，一聽要開打，高興壞了，一個個像「猛虎下山」一樣撲向楚軍，楚軍根本抵擋不住，一下就兵敗如山倒，項燕也戰死了。王翦又乘勝追擊，佔領了楚國所有的城邑，俘虜了末代楚王負芻，就這樣一口氣滅了楚國。

在這之後，王翦的兒子王賁又滅了齊國。他們父子都被封了侯，王氏成了當時赫赫有名的將門。秦國也正式統一天下，整個春秋戰國時代隨之結束了。

秦國統一之路

秦國的統一天下之路，共分七步走：

第一步：滅韓（公元前230年），韓國實力最弱，離秦國也最近，很容易就滅掉了。

第二步：滅趙（公元前228年），王翦施展反間計，趁趙王遷殺死大將李牧後，一舉滅趙。

第三步：攻燕（公元前226年），荊軻刺殺失敗後，王翦擊敗了燕軍，佔領薊城，使得燕國遷都遼東。

第四步：滅魏（公元前225年），王翦的兒子王賁挖開鴻溝，把黃河水灌進魏國都城大梁，毫不費力地滅了魏國。

第五步：滅楚（公元前223年），就是本節故事中講的整個過程。

第六步：滅燕（公元前222年），王賁率軍進攻遼東，俘獲燕王喜，滅了燕國。

第七步：滅齊（公元前221年），秦軍由王賁擔任統帥攻打齊國，齊國知道抵擋不住，乾脆直接投降了。

大家可以看到，除了最弱的韓國以外，其他五國都是由王翦父子所滅。

百家爭鳴

一輩「治病」的「鳥」 ●

　　大家有沒有見到過鳥兒爭相在樹上鳴叫的情景？那一定是一場聽覺上的盛宴。春秋戰國時期，雖然長期處於戰亂之中，人們在思想上卻極度開放，出現了很多思想家。他們就像是醫生給病人治病一樣，想要用自己的思想主張讓各國之間停止爭鬥，恢復穩定。

　　大家還記得前面講過的孔子嗎？他就是其中之一。他認為之所以出現戰爭，是因為社會秩序出現了問題，因此主張恢復周朝時期的禮樂制度，君主、大臣、父親、子女，每個人做好自己該做的事，人人都講仁德，自然就沒有戰爭了。但是我們都知道，孔子的辦法在當時並沒有成功。

　　和孔子同時期，有一個被人們稱為老子的人，非常有學問。據說，

就連孔子都曾向他請教過關於「禮」的問題。他也開出了一張「藥方」，他認為之所以出現戰爭，是因為人們想要的太多。他告訴大家，一切事物都有自己的發展規律，大家只要順其自然就好，不要刻意去改變甚麼。你覺得他給出的辦法怎麼樣？當然，他的辦法也沒有成功，老子因此心灰意冷，騎上牛出了函谷關，隱居起來了，從此再也沒有人見過他，有人傳說他成了仙。我們在《西遊記》中看到的那個騎着青牛，想要將孫悟空煉成仙丹的太上老君，據說原型就是老子。

孔子和老子都是春秋時期人。到了戰國時期，戰爭變得更加頻繁了，因此也出現了更多的「醫生」。

孔子的主張雖然在當時沒有成功，但是他卻教出了很多優秀的學生，他的學生又教出了很多優秀的學生，其中最有名的當屬孟子，他是孔子的孫子子思的學生。孟子繼承了孔子的思想，並在孔子「仁」的基礎上，提出了「義」。他告訴人們，做事情不要只關注利益，而要更加關注「義」。他還說，對一個國家來說，百姓才是最重要的，君主只有對百姓好，才能得到百姓的擁護，要是對百姓不好，百姓是可以把國君轟下去的。大家覺得孟子的辦法怎麼樣？如果你是國君的話，會採納孟子的主張嗎？

當時，有一個叫楊朱的人極力反對孟子的主張，他認為每一個人都不應該去管別人的事，只管好自己的事就行了。孟子是一個愛批評人的人，他聽完楊朱的觀點後，就對楊朱進行了批評，他說：「楊朱這個人太吝嗇了，即使拔他身上一根毛對天下有利，他也不會做。」後來，他批評楊朱的話成為了一個成語——「一毛不拔」，用來形容特別「孤寒」的人。

除了楊朱，還有一個人也常被孟子批評，他就是墨子。墨子和孔子、孟子的主張都不一樣，他主張「兼愛」，認為愛不應該有遠近親疏，每一個人都應該把同樣的愛給任何一個人。孟子曾對墨子的這一觀點批評說：「要是按照墨子的說法，對別人的父母也像對自己的父母一樣的話，那別人的父母不都成了自己的父母了嗎？」

除了「兼愛」，墨子還是一個和平主義者和實踐家。他常常為了讓雙方停止戰爭，不惜奔赴萬里去游說，要是沒有游說成功，他就帶領弟子幫助弱小的國家守城，甚至還因此發明出了很多守城的器械。

有不同的主張和思想，就會產生爭執，同時也會產生各自的支持者，從而建立起不同的學派。孔子和孟子就屬於同一個學派，他們和他們的支持者被稱為儒家，而墨子和他的支持者們則被稱為墨家。

老子隱居起來了，很多年後卻出現了一個和他主張相似的人，人們稱他為莊子。莊子同樣主張順其自然。但是與老子不同的是，他表達思想的方法並不像老子那麼高深、難懂，而是喜歡拿故事做比喻。我們聽過的很多寓言故事，比如「井底之蛙」、「東施效顰（pín，粵音頻）」、「庖（páo，粵音刨）丁解牛」、「螳臂當車」、「望洋興歎」……都是從莊子那裏來的。把莊子稱作中國古代的寓言大王，一點都不為過。老子和莊子以及他們的支持者被稱為道家。

孟子去世一段時間後，儒家又出現了一個有影響力的人物，人們叫他荀子。雖然同屬於儒家，但是荀子和孟子的主張卻有些不同。孟子之所以主張「義」，是因為他認為，每一個人生下來本性都是善良的，之所以會出現壞人，是因為他們身處的環境，但是人即使變壞，向善的心依然存在。荀子卻不這麼認為，他認為人生下來本性都是惡的，必須通過「禮」引導和約束，否則就會出問題。

後來，荀子有一些徒弟雖然支持老師的觀點，也認為人生下來都是惡的，但是不同的是，他們覺得光用「禮」引導和約束遠遠不夠，必須要用嚴酷的法制。因此這些人創立了一個新的學派，我們稱他們為法家。法家的代表人物是韓非和李斯，在後面的故事中，我們會聽到他們的故事。

除了上面說的這些學派以外，還有很多學派，比如口才都非常好的縱橫家，特別善於和人辯論的名家，喜歡研究五行的陰陽家，等等，他們都在那個時代宣揚自己的主張，就像我們開頭說的那樣，像在一棵樹上爭相鳴叫的鳥。因此，這種思想高度開放、各個學派紛紛表達和宣傳自己觀點的熱鬧局面，被人們形容為「百家爭鳴」。

五行學說

大家聽說過金、木、水、火、土嗎？目前發現最早記錄金、木、水、火、土「五行」概念的是《尚書》。我們的祖先認為，世界是由這五種物質構成的。到了「百家爭鳴」時，有一個被稱為陰陽家的學派專門研究五行，並產生了很大的影響。後來的統治者為了給自己取代前一個王朝製造一個理由，往往採用「五行相剋」的說法。

當時的世界

春秋、戰國諸子「百家爭鳴」。古希臘也處在文化繁榮期，湧現出了一批像蘇格拉底、柏拉圖、亞里士多德這樣偉大的哲學家。

責任編輯　潘沛雯

裝幀設計　鄧佩儀

排　版　陳美連

印　務　劉漢舉

穿越中國五千年❷：春秋戰國

歪歪兔童書館 ◎ 著繪

出版｜中華教育

香港北角英皇道 499 號北角工業大廈 1 樓 B 室

電話：(852) 2137 2338　傳真：(852) 2713 8202

電子郵件：info@chunghwabook.com.hk

網址：http://www.chunghwabook.com.hk

發行｜香港聯合書刊物流有限公司

香港新界荃灣德士古道 220-248 號荃灣工業中心 16 樓

電話：(852) 2150 2100　傳真：(852)2407 3062

電子郵件：info@suplogistics.com.hk

印刷｜泰業印刷有限公司

香港新界大埔工業邨大貴街 11 至 13 號

版次｜2024 年 3 月第 1 版第 1 次印刷

©2024 中華教育

規格｜16 開（230mm x 170mm）

ISBN｜978-988-8861-31-6